AF557378

Dr. Wilfried Reuter

angst – frei – sein

Dr. Wilfried Reuter

angst – frei – sein

Der buddhistische Weg zur Heilung

Shaker Media

Bibliografische Information der Deutschen Nationalbibliothek
Die Deutsche Nationalbibliothek verzeichnet diese Publikation in der Deutschen Nationalbibliografie; detaillierte bibliografische Daten sind im Internet über http://dnb.d-nb.de abrufbar.

Umschlaggestaltung: Bea Winklbauer
Layout: Jutta Kerßen und Manon Mbaye

Printed in Germany.

ISBN 978-3-95631-704-0

Shaker Media GmbH • Postfach 101818 • 52018 Aachen
Telefon: 02407 / 95964 - 0 • Telefax: 02407 / 95964 - 9
Internet: www.shaker-media.de • E-Mail: info@shaker-media.de

Gewidmet den Lichtbringern

Max – Paula – Michael – Benjamin

Inhalt

III. Teil: Buddhistische Methoden zur Transformation von Angst

IV. Teil: Vertrauen und Liebe finden

Vorwort

Liebe Leserin, lieber Leser, in diesem Buch spreche ich dich persönlich an. Ich habe dafür die „Du"-Form gewählt, denn ich empfinde sie als direkt und herzlich. Das „Sie" schafft leicht eine Distanz, die nicht gut zur spirituellen Praxis passt. So spreche ich auch in meinen Vorträgen meine Zuhörerinnen und Zuhörer mit „Du" an und habe damit gute Erfahrungen gemacht.

Dieses Buch ist auf Basis meiner Vorträge entstanden. Aus den jeweiligen Sinnzusammenhängen heraus hat es sich ergeben, immer wieder zwischen der „Du-" und der „Wir"-Form zu wechseln.

Einzelne Aspekte, insbesondere die Darstellung der Bewusstseinsebenen und die große Bedeutung des Körperfühlbewusstseins, werden in diesem Buch an verschiedenen Stellen erwähnt. Diese Wiederholung ist ganz bewusst von mir gewählt worden, um sie uns als Basis unseres Verständnisses vertiefend ins Bewusstsein zu rufen.

Für einige Begriffe aus alten indischen Sprachen gibt es keine deutsche Übersetzung, die dem ursprünglichen Wort genau entsprechen würde. Diese Begriffe haben deswegen Eingang in den allgemeinen buddhistischen Wortschatz gefunden. Die meisten stammen aus dem Pali, der Sprache, in der vor mehr als 2000 Jahren die Lehrreden des Buddha niedergeschrieben wurden, und der indischen Gelehrtensprache Sanskrit. Die beiden Sprachen sind einander sehr ähnlich und werden in diesem Buch entsprechend dem jeweiligen Sinnzusammenhang verwendet.

Ich bin überzeugt, dass die buddhistische Lehre, wie auch die Erkenntnisse der Neurowissenschaften und Methoden der Psychotherapie hilfreiche Ansätze zur seelischen Heilung bieten, weshalb alle drei in diesem Buch Eingang finden.

Mein Wunsch ist, dass jeder Leser und jede Leserin in der Vielzahl der hier angebotenen praktischen Methoden für sich etwas Heilsames herausziehen kann. Dieses Buch möchte Vertrauen und Zuversicht schenken, dass für jeden Befreiung und Heilung möglich ist.

Einleitung

Kennst du das: Manchmal gibt es Zeiten, da fühlt sich das Leben leicht an oder zumindest leichter. Der Körper ist im Wesentlichen gesund, die Menschen sind nett zu uns und im Geist erleben wir etwas wie Balance und Zufriedenheit, vielleicht sogar eine Art Gefühl der Sorglosigkeit. Vielleicht glauben wir in solchen Zeiten, Angst sei eigentlich kein Thema mehr für uns.

Doch dann geschieht etwas: Nachts erleben wir einen Albtraum, im Körper macht sich ein unbekannter Schmerz bemerkbar oder der Arzt erhebt einen unklaren Befund, im Alltag verändern sich plötzlich Strukturen – und dann wird sie plötzlich wieder spürbar, die Angst. Wenn wir mit anderen Menschen sprechen, werden wir schnell erkennen, dass es nichts Ungewöhnliches ist, Angst zu empfinden. Auf die unterschiedlichste Weise kann sie sich bemerkbar machen, von innerer Unruhe bis zum manifesten Angstanfall, von Unsicherheit und Nervosität bis hin zur Panik, von Sorgen, die den Schlaf blockieren, bis hin zu Phobien: Die Angst hat viele Gesichter. Sogar hinter mancher Gereiztheit, manchem Ärger und Wut steckt als Wurzel die Angst. Sie zu zeigen, ist in unserer Gesellschaft nicht unbedingt akzeptiert, besonders nicht bei Männern. Es werden etwa dreimal so viele Frauen wie Männer wegen Angststörungen behandelt, was natürlich nicht bedeutet, dass Männer weniger Angst empfinden.

Kürzlich musste jemand in unserer Arztpraxis bestimmte Geräte überprüfen. Beim Abschlussgespräch kaufte er sich eine Broschüre über Angst, die ich verfasst hatte. „Ich kaufe sie für meine Frau“, bemerkte er,

„ich selbst habe keine Angst mehr." Aber im weiteren Gespräch erzählte er, dass er nachts schlecht schlafe, ohnehin eine Flasche Rotwein brauche, um überhaupt einschlafen zu können. Und an dem ganzen Tag, den er in unserer Praxis war, ging er meinen Mitarbeiterinnen mit seiner ständigen Unruhe und Getriebenheit ziemlich auf die Nerven.

Je deutlicher die Angst spürbar wird, desto mehr sehnen wir uns nach Schutz, Geborgenheit und Liebe, nach etwas Verlässlichem, das uns trägt. „Glaubst du eigentlich an Gott?", fragte mich unlängst ein ca. 10-jähriger Junge. Ohne meine Antwort abzuwarten, fuhr er fort: „Ich würde so gern an Gott glauben, dann hätte ich weniger Angst."

Etwas wirklich Verlässliches finden wir tatsächlich nicht auf dieser irdischen Welt, denn sie ist gekennzeichnet durch Wandel und Vergänglichkeit. Wenn wir uns in unserer Suche nicht abschrecken lassen oder gar resignieren, tritt nun die spirituelle Dimension in unser Blickfeld. Manche nennen sie die göttliche Dimension, andere die überweltliche Ebene und wieder andere sprechen von Buddha-Natur. Es gibt so viele Namen für das Unnennbare, für das, was so groß ist, dass begrenzte Begriffe es nie genau bezeichnen, beschreiben oder definieren können.

Mich hat die Frage „Gibt es etwas, das trägt, wenn alles andere zusammenbricht?", über Jahre getrieben. Und natürlich auch die Anschlussfragen: „Woher können die Antworten kommen? Muss ich daran glauben oder kann ich von diesem Verlässlichen etwas erfahren?" Diese Fragen haben mich oft und lange beschäftigt.

Manche versuchen, ihre Ängste mit Medikamenten zu behandeln, was auch vorübergehend eine sinnvolle flankierende Maßnahme sein kann. Jährlich werden in unserem Land mehr als 20 Millionen Packungen angstlösender und stimmungsaufhellender Medikamente verkauft. Doch Medikamente können niemals die primären Ursachen auflösen. Sie wirken immer nur auf der Ebene der Symptome. Aktuell leiden nach Angaben des Max-Planck-Institutes in Deutschland acht Millionen Menschen unter behandlungsbedürftigen Ängsten. Wozu diese Zahlen? Um die obige Aussage zu bekräftigen, dass Angst zu unserem Leben gehört.

Völlig untaugliche Mittel, Angst abzuwehren, sind Alkohol, Drogen, Ruhm, Macht und Besitz. Sie alle können nicht diese innere Heimat hervorbringen, die uns letztlich aus der besetzenden Macht der Angst befreit.

Ich erinnere mich an einen Abend im Notdienst. Ein Notruf aus einem „besseren" Stadtteil Berlins. Uns wird kein Name genannt, nur Straße und Hausnummer sowie ein Zahlencode, den wir an der Haustür eingeben sollen. Die Patientin öffnet selbst die Tür, ich kenne sie vom Fernsehen, aus den Zeitungen. Heute ist sie sehr betrunken. Sie ist gestürzt und hat eine große Platzwunde, die genäht werden muss. Während wir auf den Krankenwagen warten, erzählt sie von Leistungs- und Effektivitätsdruck und der ständigen Angst zu versagen. Sie erzählt von ihren Ängsten vor öffentlichen Auftritten, vor Journalisten, von ihren Ängsten, wieder unbedeutend zu werden, also vor dem Verlust ihrer Identität. Sie erzählt, wie sie sich dann abends in den Alkohol flüchtet, der sie ein wenig unempfindlich macht, und wie dann aber bald die Angst aufkommt, ihr Alkoholismus könnte entdeckt werden.

Angst vor dem Verlust ihrer Identität erleben im Übrigen auch nicht wenige Menschen, die an der Schwelle zum Ruhestand stehen. Mit dem Eintritt ins Rentenalter entfallen bisherige Rollenidentitäten, aber an ihrer Stelle gibt es noch keine neuen. Während früher die Alten wichtige Funktionen in den Gesellschaften innehatten und mit Respekt behandelt wurden, gibt man ihnen in unserer Kultur heute zu verstehen, dass sie nicht mehr gebraucht werden. „Bald gehören wir zum alten Eisen", bemerkte eine Freundin mit Blick auf unseren Geburtstag. Nicht gebraucht zu werden, verletzt ein Grundbedürfnis von uns Menschen und erzeugt Angst.

Vermutlich reichen Wurzeln deiner Angst bis in früheste Zeit. Du im Bauch deiner Mutter, umgeben von wohliger Wärme, ein Gefühl des Genährt- und Getragenseins. Und wenn du dann auch noch von deinen Eltern erwünscht warst und sie sich auf deine Geburt freudig vorbereitet haben, dann erlebtest du so etwas wie Ur-Geborgenheit. Doch irgendwann platzte die Fruchtblase, du kamst auf die Welt, jemand durchtrennte die Nabelschnur und damit die direkteste Verbindung zu deiner Mutter. Du warst jetzt getrennt. Wenn es gut ging, war deine Mutter ganz nah, aber du warst nicht mehr in ihr, sondern neben oder auf ihr. Mit der Trennung erlebtest du Begrenztheit und Bedürftigkeit, wenn auch auf unbewusster Ebene. Wurde dieses Erlebnis mit Liebe und Wärme ausgeglichen, wird Angst vermutlich in deinem späteren Leben nicht die Rolle spielen wie im umgekehrten Fall. Und natürlich wirkt nicht nur deine Geburt, sondern auch dein Erleben in den ersten Lebensjahren prägend. Wurdest du mit autoritärer Strenge erzogen, wurde die Liebe nur nach Leistung oder „lieb sein" gewährt, erlebtest du eine Art Überbehütung ängstlicher Eltern, dann wurden die Samen für spätere Unsicherheit und Angst gelegt. Deswegen musst du gegen deine Eltern keine Vorwürfe erheben. Auch sie sind Gewordene, durch ihr Schicksal Geprägte, auch sie hatten Eltern. Auch wenn die frühen Wurzeln der Angst meist mit dem Erleben von Trennung, fehlender Geborgenheit und emotionaler Kühle zu tun haben, können die späteren Ausprägungen sehr vielfältig sein. In der Psychologie und Psychotherapie werden diese Zusammenhänge genauestens erforscht und beschrieben.

Verkürzt können wir also sagen, dass Angst mit Trennung zu tun hat, Geborgenheit und Liebe mit Verbindung. In der Folge heißt dies: Alles Erleben, aber auch alles Denken, Sprechen und Handeln, das Trennung bewirkt und Gräben schafft, fungiert als Nährboden für Angst. Und jedes Erleben von Verbundenheit und Nähe, jedes Denken, Sprechen und Handeln, das auf Verbindung, Verständnis und Versöhnung ausgerichtet ist, entzieht der Angst die Wurzeln.

In diesem Buch wollen wir uns mit den Ursachen und Auslösern von Angst näher beschäftigen. Wir wollen die üblichen Bewältigungsstrategien beleuchten und schließlich typische buddhistische Methoden zur Auflösung von Angst kennenlernen.

I. Teil: Ängste auf körperlicher und seelischer Ebene

„Angst“, was ist das für ein Gefühl?

Mir wird häufig die Frage gestellt: „Ist Angst nicht überlebensnotwendig? Beschützt uns Angst nicht auch?“ Angst kann verschiedene Zustände mit sich bringen oder nach sich ziehen. Sie lässt immer unterschiedliche Optionen offen: Sie kann uns gefährden, sie kann uns belasten, und sie kann uns auch schützen. Wir sollten also den Zustand und die damit verbundenen Begriffe genauer betrachten, um Missverständnisse zu vermeiden. Außerdem sollten wir ein Verständnis entwickeln, wie sich Angst, Furcht, Phobie und Panik unterscheiden.

Der Begriff Angst lässt sich zurückführen auf zwei Sprachwurzeln, nämlich lateinisch *angustia* = „Enge“ und indogermanisch **angh* = „Eingeschnürtsein“.

Sowohl Enge und Beklemmung auf der körperlichen Ebene als auch Verengung der Wahrnehmung auf der mentalen Ebene scheinen gemeinsame Elemente der verschiedenen Formen von Angst zu sein. Dies trifft allerdings nicht auf Zustände der Furcht zu. In der Furcht erleben wir eine Bedrohung, die unsere Aufmerksamkeit fokussiert und unsere Konzentration steigert. Wenn z. B. ein Auto auf uns zurast und wir aus Furcht zur Seite springen, wirkt sie beschützend. Wenn wir nicht schwindelfrei sind, bewahrt uns Furcht davor, im Gebirge zu dicht an Abhängen zu wandern. Furcht wird auch als Realangst bezeichnet. Sie ist lebensnotwendig, um Gefahren zu meistern.

Furcht hat somit eine beschützende Funktion, Angst mehr eine bedrückende, einengende Wirkung, die uns in unserer Entwicklung blockieren kann, wenn wir nicht lernen, heilsam mit ihr umzugehen.

Phobie bezeichnet eine Form von Angst, die auf bestimmte, meist ungefährliche Objekte gerichtet ist. Das können Mäuse oder Spinnen sein, enge Räume, weite Plätze, Dunkelheit, Spritzen, das Fliegen oder auch Ängste in Beziehungen (Sozialphobie).

Panik als eine Form von Angst ist benannt nach dem griechischen Gott Pan. Die Panflöte als sein Attribut steht für die Liebe zur Musik. Zugleich war er Gott der Hirten und Herden. Wenn man ihn jedoch in seinem Mittagsschlaf störte, konnte er sehr böse werden, sodass Hirten und Herden in *panischem* Schrecken das Weite suchten. Als Panik wird eine Extremform von Angst vor einer wirklichen oder vermeintlichen Gefahr beschrieben. Wir können in solchen Situationen die Angst überhaupt nicht mehr kontrollieren, verlieren vollkommen unsere Bewusstheit und den Zugang zu unseren Kompetenzen und neigen zu gefährlichen Kurzschlussreaktionen.

Von der durch äußere Gefahren ausgelösten Panik werden die sogenannten Panikattacken unterschieden. Hierbei handelt es sich zwar ebenfalls um überwältigende Angstzustände, allerdings ohne erkennbaren äußeren Anlass. Beide Zustände gehen meist mit vielfältigen vegetativen und körperlichen Symptomen wie Herzrasen, Schwitzen, Hautrötung, schneller Atem, Magen-Darm-Symptome etc. einher.

Was geschieht auf der körperlichen Ebene, wenn Angst aufkommt?

Für ein tieferes Verständnis bedrückender und blockierender Ängste können die Erläuterung einiger medizinscher Zusammenhänge hilfreich sein.

Unser menschliches Gehirn besteht verkürzt gesagt aus drei Teilen: dem Stammhirn, dem limbischen System und dem entwicklungsgeschichtlich jüngsten Teil, dem sogenannten Neokortex[1]. Der entwicklungsgeschichtlich älteste Teil, das Stammhirn bzw. Kleinhirn, ist zuständig für basale, lebenserhaltende Prozesse. Gefühle unterliegen der Funktion des limbischen Systems. Der Neokortex schließlich ist zuständig für Vernunft, Sprache, Abstraktion usw. Nun sind Vorerfahrungen in speziellen Regionen des limbischen Systems, dem sogenannten Mandelkern, gespeichert. Insbesondere angstbesetzte Erfahrungen werden intensiv und nachhaltig eingeprägt. Immer dann, wenn diese Zentren erneut aktiviert werden, signalisieren sie dem Körper Gefahr und dass er jetzt sofort reagieren muss. Dies gilt auch, wenn der Neokortex andere, vernünftige Beschlüsse gefasst hat. Das limbische System ist dann kraftvoller und überstimmt die Beschlüsse des Neokortex. Du kannst dir also immer wieder einreden, dass es unsinnig ist, in bestimmten Situationen oder vor bestimmten Tieren wie Spinnen

[1] Neokortex: Teil der Großhirnrinde (entwicklungsgeschichtlich der jüngste Teil).

oder Mäusen. Angst zu haben. Das limbische System wird dafür sorgen, dass du dennoch angstvoll reagierst.

Du kannst aus diesen Zusammenhängen erkennen, dass du deine guten Vorsätze (Neokortex), z. B. diese Angst aufzulösen, mit positiven Emotionen und Zielen (limbisches System) verknüpfen solltest, um sie in die Realität umsetzen zu können. „Was wird mir alles möglich sein, wenn ich meine Angst reduziere?“, könnte eine hilfreiche Frage sein. „Was wird nur möglich sein, wenn ich die Befähigung erwerbe, mit den Herausforderungen meines Lebens angemessener umzugehen?“ Auch solltest du dir auf deinem Entwicklungsweg nicht zu viel auf einmal vornehmen, denn in diesem Fall könnte dich das limbische System „ausbremsen“. Wenn nämlich etwas zu viel oder zu kompliziert wird, steigt das limbische System auf die bekannten, eingefahrenen neuronalen Pfade um und überstimmt deine guten Absichten, die sich über den Neokortex vermittelt hatten.

Reaktionsweisen auf Angst: Kampf – Flucht – Erstarren

Wenn das limbische System nun Angst signalisiert, mit welchen Reaktionen ist dann zu rechnen? In Angstzuständen werden unter anderem die Stresshormone Adrenalin und Noradrenalin ausgeschüttet. Sie führen zu drei typischen Reaktionsweisen, nämlich entweder zu Kampf, Flucht oder einem Zustand der Erstarrung. Wünschenswert wäre eine vierte Reaktion, nämlich Fürsorge, doch davon sprechen wir später.

Kampfreaktionen als *erste* mögliche Reaktionsweise können sich verschiedentlich äußern, z. B. als Aggression, als Aktionismus, in der Vermeidung von Stille, als Arbeitssucht, aber auch als Bemühen um Kontrolle, Einfluss und Reichtum. Bei der Eifersucht als Variante der Angst sind es dann eher Provokationen, rivalisierendes Verhalten oder Beschuldigungen. Hinter mancher Wut, Strenge und Provokation steckt also Angst. Wut wird besonders von Männern eingesetzt, damit sie ihre Angst nicht spüren. Viele Jahre habe ich als Assistenz- und Oberarzt in Kliniken gearbeitet. Dabei musste ich auch meinen jeweiligen Chefs im Operationssaal assistieren. Nun gab es immer wieder auch gefährliche Situationen. Manche Chefs blieben dabei ruhig und besonnen, andere wurden wütend und zu uns Assistenten manchmal grob beleidigend. Die Besonnenen waren offensichtlich in Verbindung mit ihrer Kompetenz, die Wütenden wurden erkennbar von Unsicherheit und Angst getrieben. Provokation und Terror werden sowohl im zwischenmenschlichen Bereich als auch von Diktatoren und Terroristen eingesetzt. Manche müssen Angst nach außen verbreiten, um die eigene Verletzlichkeit nicht zu spüren. Indem wir dies durchschauen, bieten sich uns andere Möglichkeiten, auf uns selbst oder andere zu reagieren.

Die *zweite* Reaktionsweise, die durch bestimmte Stresshormone ausgelöst wird, ist Flucht. Hierzu zählen verschiedene Formen von Vermeidungsverhalten (wir gehen nicht mehr zur Vorsorge, wir gehen eventuell keine Partnerschaft mehr ein, wir verreisen nicht mehr) genauso wie Zerstreuungen (z. B. Fernseh- oder Internetkonsum, starke Sinnesreize, wir schlafen nur noch bei Licht oder Musik). Auch symbiotische Abhängigkeitsbeziehungen, in denen sich die beiden

Partner aneinanderklammern, können aus aktivierten verletzlichen Selbstempfindungen in Form von tiefer Unsicherheit und Angst herrühren.

Die *dritte* Form, Erstarren, „Sich-unempfindlich-werden-Lassen" kann sich äußern im Betäuben mit Alkohol und Drogen, Erstarren in gewohnheitsmäßigen Abfolgen bestimmter Tätigkeiten, dem Abspalten von schmerzhaften Gefühlen bis hin zu psychischen Reaktionsweisen wie Depressionen. Diese Form ist nicht selten als Folge von nicht bewältigten traumatischen Erfahrungen zu beobachten, die zum Teil auch in viel späteren Jahren als Posttraumatische Belastungsstörung (PTBS) auftreten kann.

In einigen Fällen mögen diese Reaktionsweisen sinnvoll sein, beispielsweise, wenn sie uns davor bewahren, von Gefühlen überschwemmt zu werden, deren Intensität wir noch nicht gewachsen sind. Doch in den allermeisten Fällen führen diese Reaktionsweisen aufgrund fehlender Klarheit nicht zu konstruktiven Lösungen. In den häufigsten Fällen bekommt die Angst nur umso größere Macht, je mehr wir sie bekämpfen oder versuchen, ihr zu entkommen.

Ursachen, Auslöser und Nährboden für Angst

Das Erleben von Neuem und Unvertrautem, Situationen von fehlender Geborgenheit, wie z. B. in einer Arztpraxis oder einem Krankenhaus, Herausforderungen, denen wir uns nicht gewachsen fühlen, können Ängste in uns auslösen. Nun bedeutet Leben aber Bewegung, Stillstand bedeutet Tod. Und wo Bewegung ist, da findet sich auch Unsicherheit. Somit werden wir so oder so immer wieder mit der Disposition zu Angst in Berührung kommen. Immer, wenn unsere Identität in Gefahr gerät, kann dies Ängste auslösen. Somit sind Zeiten beruflicher Veränderungen, Kündigungen, aber auch Trennungen, Verluste oder andere traumatisch erlebte Erfahrungen prädestiniert für das Auftreten von Angst. Auch Krankheiten, körperliche Veränderungen, z. B. im Alter, sind hier zu nennen. Und schließlich haben Veränderungen im Zusammenhang mit Schwangerschaft und Elternschaft oft neben der zu wünschenden Freude auch mit Selbstunsicherheit und Angst zu tun.

Aus der Psychologie wissen wir, dass Menschen, die unzufrieden sind mit ihrem Leben, eher zu Ängsten neigen. Ein wenig erfülltes Leben steigert die Disposition zur Angst. Ein Erleben von Vereinzelung, Einsamkeit und Ich-Zentriertheit gilt als Quelle vieler weiterer Schwierigkeiten und Ängste. Hingegen hat Erfüllung immer zu tun mit Verbindung, sowohl nach innen zu sich selbst als auch nach außen zu anderen.

Elfriede kenne ich seit vielen Jahren als Patientin in meiner Praxis. Sie war eine bekannte Schauspielerin an verschiedenen großen Theatern. Mittlerweile ist sie weit über 80 Jahre alt. Bei ihren regelmäßigen Besuchen erzählte sie mir viel aus ihrem Leben. „Ich träumte als junge Schauspielerin einst von Liebe, Erfolg und Glück", erzählte sie. „Und gleichzeitig waren Selbstunsicherheit und Angst vor dem Scheitern meine ständigen Begleiter." Elfriedes Talent wurde früh erkannt und sie erlebte einen raschen Aufstieg. „Ich habe dann bald große Rollen gespielt, habe viel Beifall geerntet, und ich habe viele Männer gehabt", berichtete sie einmal. Ich fragte zurück: „Haben Sie viele Männer gehabt oder viele Männer geliebt?“ Elfriede antwortete: „Ich glaube, es war mehr das Verlangen. Verlangen ist ein unglaublicher Antrieb. Manchmal konnte ich gar nicht abwarten, Liebe zu machen. Ich glaube, dahinter war viel Unsicherheit und Angst.“ Als ich sie fragte, ob man denn Liebe „machen“ könne, erwiderte sie: „Ich war oft Sklave des Verlangens nach Sex und Ruhm. Erst viel später habe ich erkannt, wie begrenzend das Verlangen ist. Die große Liebe zu einem Mann – ich meine, jenseits der Leidenschaft – habe ich nie erlebt.“ „Und heute?“, fragte ich weiter. „Sehen Sie mich doch an, nur Haut und Knochen“, gab sie zurück. „Ich meine, wie steht es heute mit der Liebe?“

In dem, was und wie sie nun antwortete, konnte ich einen stillen und tiefen Frieden in ihr spüren: „Was ich mit dem Alter verliere, ist meine frühere Identität. Ich war schön, berühmt, erfolgreich. Alles ist vorbei, ich habe es hinter mir gelassen. Und in gleichem Maße, in dem ich diese Dinge über Bord warf, entfaltete sich in mir eine Liebe zum Leben und eine Freiheit von Angst. Es gibt nichts mehr, wovor ich Angst habe. Das Leben ist einfacher geworden. Und es gibt keinen Unterschied – das ahne ich deutlich – zwischen dem, was Sie sind und was ich bin und was die Liebe ist.“

Angst wird genährt durch entsprechende Gedanken und negative Vorstellungen. Vielleicht erleben wir, dass unser Herz schneller klopft als gewöhnlich. Wir haben irgendwo gelesen, dass schnelles Herzklopfen in einen Infarkt münden kann. Wir malen uns aus, dass für uns ein Herzinfarkt offenbar unmittelbar bevorsteht – und treiben damit das Herzrasen und unsere Angstgedanken immer weiter an. Auch Gedanken, die positive Erfahrungen bagatellisieren, nähren die Angst. Vielleicht können Auto- oder Flugreisen bei uns Ängste hervorrufen. Wenn wir dann dennoch gereist und wohlbehalten am Ziel angekommen sind, interpretieren wir dies als einen glücklichen Zufall, aber beim nächsten Mal, so denken wir, wird es uns bestimmt erwischen. Angstauslösende Situationen zu vermeiden oder vor ihnen zu flüchten, hilft ebenfalls nicht weiter.

Der bekannte Esoteriker, Schriftsteller und Lehrer Georges I. Gurdjieff hatte als Kind Angst vor Mäusen und Spinnen. Sein Vater legte ihm dann abends immer wieder Mäuse und Spinnen in sein Bett, um ihn zur Läuterung seiner Reaktion zu bewegen – eine vielleicht gut gemeinte Methode, die ich aber auf keinen Fall zur Nachahmung empfehle.

Selbsteinfühlung in einer bewussten, fürsorglichen Geisteshaltung gilt als Aspekt buddhistischer Achtsamkeitspraxis. Doch übertrieben-intensive, nicht in Herzlichkeit wurzelnde Selbstbeobachtung kann Ängste auslösen. Als Notarzt werde ich immer wieder auch zu Menschen gerufen, die wegen Bluthochdruckkrisen anrufen. In der Anamnese höre ich dann nicht selten, man habe mit dem eigenen Blutdruckgerät gemessen und einen normalen Wert erhalten. Zur Kontrolle habe man dann nochmals gemessen, dieses Mal sei der Wert ein klein wenig höher gewesen, sonstige Beschwerden gab es aber nicht. Im Folgenden habe man dann aus Angst immer weiter nachgemessen, dabei ständig höhere Werte erhalten – aus meiner Sicht sich also geradezu in den Hochdruck hineinmanövriert. Als dann schließlich noch Kopfschmerzen hinzukamen, die man als Vorboten des Schlaganfalls interpretiert habe, musste der Notarzt kommen.

Als weiterer Nährboden für Angst fungieren unsere Identifikationen mit dem Körper. Viele Menschen gründen ihr Selbstwertgefühl auf ihre körperliche Erscheinung, ihr Aussehen, ihre körperliche Kraft und Fitness. Manche sehen im Körper mit seinen Sinnesorganen das einzige Mittel, Erfüllung zu erleben. Krankheiten, Älter- und Altwerden mit entsprechender Reduktion der Sinnesorgane werden folglich mit Abnahme unseres „Glückspotentials“ gleichgesetzt. Allein schon der Gedanke an die Krankheitsbereitschaft des Körpers, an das Nachlassen unserer Seh- und Hörfähigkeiten, unseren Möglichkeiten, Sexualität zu praktizieren usw. erzeugen Unsicherheit, Beklommenheit oder Angst.

Viele buddhistische Übungen zur Auflösung und Entwurzelung von Angst sind auf die Erkenntnis und tiefgehendes Verständnis ausgerichtet, ein Verständnis, dass wir alle viel mehr sind als unser Körper. Dieser gehört zu uns, er ist quasi „ein Körper für uns“, aber wir reduzieren uns bitte nicht auf die Existenz des Körpers. Manche Menschen allerdings, vor allem spirituell Praktizierende, beginnen ihren Körper abzulehnen, wenn sie hören, sie seien nicht ihr Körper. Dies kann sich ausdrücken in der Ablehnung von Sinnesfreuden, einer negativen Einstellung zur Sexualität, dem Ignorieren seiner Bedürfnisse nach angemessener Ernährung oder ausreichend Schlaf. Andere versuchen aus der Ablehnung des Körpers, ihm mit Drogen zu entkommen oder ihm bewusst Schmerzen zuzufügen. Doch noch nie ist jemand zur Freiheit gelangt durch die Ablehnung des Körpers und den Kampf gegen die Naturgesetze von Alter – Krankheit – Tod, denen der Körper unterliegt.

Von der Identifikation und Anhaftung an den Körper in eine den Körper ablehnende und sinnesfeindliche Haltung zu wechseln, entspricht einem falschen Verständnis und würde bedeuten, von einem Straßengraben in den anderen zu fahren.

Angst vor körperlichem Schmerz

In einem menschlichen Körper erleben wir zuweilen körperliche Schmerzen. Menschliches Leben ist ohne die Erfahrung von Schmerzen kaum denkbar. Unsere Mutter hatte Wehenschmerzen, als sie uns zur Welt brachte. Wir selbst hatten vermutlich schon in den ersten Wochen und Monaten Schmerzen in Form von Blähungen oder sogar Dreimonatskoliken oder später beim Zahnen. Krankheiten und Unfälle sind meist mit Schmerzen verbunden, Abnutzungs- und Degenerationserscheinungen im Alter ebenfalls.

Auf der körperlichen Ebene führen Schmerzen zu Verhärtungen und Verspannungen. Zusammenziehung und Verengung gibt es in der Folge auch auf der mentalen Ebene. Du spürst vielleicht eine Art Hilflosigkeit, etwas in dir, das „Nein“ sagt. „Nein“ ist die Sprache des Widerstandes und äußert sich im Allgemeinen als Gereiztheit, Angst, Ungeduld oder Niedergeschlagenheit. Du möchtest, dass dieser Zustand so schnell wie möglich aufhört und setzt eventuell Jammern und Klagen als oft untaugliche Mittel ein, um dies zu erreichen. Denn je mehr du in den Widerstand gehst, umso mehr wird sich deine Perspektive verengen. Du merkst es schon bei einem simplen Zahn- oder Rückenschmerz, er schiebt sich je nach Heftigkeit vollkommen in den Mittelpunkt deines Erlebens, und je mehr du dich ausgeliefert fühlst, umso größer wird die Angst und damit das Leid. Von manchen Meistern hört man sinngemäß: „Schmerzen sind unvermeidlich, doch zu leiden steht dir frei."

Ist es denn möglich, gibt es eine Wahl, Schmerzen zu empfinden, ohne daraus Widerstand und Angst, also Leid erwachsen zu lassen?

Der Buddha meinte einmal, dass ein Unerleuchteter von zwei Pfeilen getroffen werden kann, ein Erleuchteter nur noch von einem. Solange ein Buddha in einem menschlichen Körper lebt, hat auch er Schmerzen. Buddha Shakyamuni hatte z. B. im Alter offenbar heftige Rückenschmerzen, möglicherweise aufgrund eines Bandscheibenvorfalls. Ein Buddha hat zwar auch Schmerzen (erster Pfeil), aber er leidet nicht mehr darunter (zweiter Pfeil). Ein Buddha hat keine Angst vor Schmerz, wir gewöhnlichen Menschen aber zuweilen schon. Eine spirituelle Praxis mit körperlichen Schmerzen zur Auflösung von Widerstand und Angst ist eine hohe Schule, da der Schmerz uns schnell besetzen kann. Eine Praxis mit Schmerz beginnt am besten bei leichtem Schmerz. Dabei akzeptieren wir unsere eigenen Schmerzgrenzen und verteufeln bitte auf keinen Fall Schmerzmittel. Schmerzmittel einzunehmen, sich bei der Geburt eine PDA (Rückenmarksanästhesie) geben zu lassen oder von der Zahnärztin eine Spritze sind kein Versagen! Eine ausreichende Schmerztherapie ist besonders in der Sterbebegleitung notwendig. Widerstand und Angst erschweren die natürliche Loslösung. Wie praktizieren wir nun mit Schmerz und dem Widerstand und der Angst, die damit meist verbunden sind? Ein erster Schritt kann eine bewusste Zuwendung sein, eine barmherzige Haltung mit der Absicht, zu verstehen.

In unserer Gesellschaft wird Schmerz oft als beängstigender Feind angesehen, statt als natürliches Phänomen, das uns auf etwas aufmerksam machen möchte. Auf den „Feind“ wird dann nicht selten blindlings reagiert. Ohne Verständnis wird der Schmerz aber bald wieder hochkommen und uns mehr und mehr in eine mit Angst verbundene Opferhaltung drängen. Eine achtsame, mitfühlende Zuwendung und die Erfahrung, mit dem Schmerz „sein“ zu können, ohne sofortige Erklärungen, Pläne und Strategien zur Hand haben zu müssen, wirkt erleichternd. Achtsamkeit und Mitgefühl kommen in der Barmherzigkeit zusammen und aus „meinem“ Schmerz wird einfach Schmerz, das heißt, die Haltung der Barmherzigkeit befähigt uns, den Schmerz ein Stück weit zu entpersönlichen. Zudem verfeinert eine achtsame Einfühlung unsere innere Wahrnehmung. Dies unterstützt den Körper in seinen Selbstheilungskräften und der Fähigkeit, sich selbst auszubalancieren. In liebevollem Gewahrsein können wir nun den Schmerz erkunden. Wir können dazu die Didaktik der Elementekräfte nutzen: Ist der Schmerz hart oder weich? Ist er eher ein Druck? Ist er scharf begrenzt oder sind Übergänge zu seiner Umgebung fließend? Hat er ein Zentrum? Diese Fragen bezogen sich auf das Erdelement. Hat er einen Zusammenhalt, eine Homogenität oder ist er eher wie Nadelstiche (Wasserelement)? Ist er eher heiß oder kalt, ist Energie in ihm spürbar, ist er brennend (Feuerelement)? Ist Bewegung, Strömen, Pulsieren in ihm spürbar (Windelement)? Wir untersuchen den Schmerz, verzichten aber auf eine vorschnelle Deutung. Um uns nicht von Unsicherheit, Angst und

Widerstand leiten zu lassen und den Schmerz zu verstehen, ist es wichtig, ihn so, wie er ist, anzunehmen und nicht vorschnell zu erklären, warum er da ist. Dabei kann es besonders hilfreich sein, die „flüssige Qualität“, den Wandel, die Vergänglichkeit im Schmerz zu erkennen.

> Ein Weiser begegnet dem Unvermeidlichen liebevoll und leidet nicht. Er kennt den Schmerz, doch der Schmerz lässt ihn nicht zerbrechen. Wenn er kann, tut er alles Menschenmögliche, um das Gleichgewicht wiederherzustellen. Wenn nicht, lässt er die Dinge ihren Lauf nehmen.
>
> Nisargadatta Maharaj

Je weniger wir in Widerstand und Angst gefangen sind, umso eher können wir mit Klarheit reagieren: Bei Kopfschmerzen werden wir eventuell etwas trinken und etwas Warmes oder Kaltes auflegen. Bei akutem Brustschmerz werden wir sofort den Arzt rufen. Bei einer Zerrung oder Knochenverletzung werden wir den entsprechenden Körperteil ruhigstellen, um weitere Verletzungen zu vermeiden. Tiere tun bei Schmerz oft spontan das Richtige und geraten nur selten in Panik.

Eine achtsame und mitfühlende Zuwendung zum Schmerz wird durch die Achtsamkeit auf den Atem erleichtert. Der Atem wird sich, wenn wir ihn achtsam wahrnehmen, beruhigen. In der Folge kann sich auch der Körper entspannen. Atem und Körper stehen in einer direkten Wechselbeziehung. In einem entspannten Körper können wir uns leichter einfühlen. Es bietet sich jetzt die „Praxis des Wohlfühlortes“ an. Gemeint ist ein körperlicher Wohlfühlort, also ein Bereich im Körper, in dem wir uns leicht einfühlen können und ein angenehmes Gefühl wie Wärme, Strömen, angenehmes Vibrieren usw. empfinden können. Ich habe viele Übungen entwickelt, damit jeder Übende einen solchen Bereich in sich entdecken kann (siehe Teil III „Die Praxis mit dem Wohlfühlort“). Der körperliche Wohlfühlort sollte vom Schmerzort entfernt liegen. Wir sind also gut beraten, wenn wir uns in ruhigen und angenehmen Zeiten in unserer formalen Meditationspraxis mehrere Wohlfühlorte erschließen. Wir können dann den Fokus der Achtsamkeit wahlweise mehr auf den Wohlfühlort oder mehr auf den Schmerz richten. In einer schmerzhaften Situation eine Wahl zu haben, wirkt erleichternd. Sowohl die Achtsamkeit auf den Atem als auch die Einfühlung in den Wohlfühlort können wie Halteseile oder Haltegriffe wirken, die uns davor bewahren, in Widerstand, Hilflosigkeit oder Angst zu geraten. Der Atem ist zudem ein guter Lehrer des Wandels, der fließenden Qualität aller Erscheinungen. Verbunden mit ihm und/oder gegründet im Wohlfühlort können wir die Kraft spüren, die das Bewusstsein in den Schmerz hineinziehen will. Und wir können bis zu einem gewissen Grad verhindern, dass uns der Schmerz vereinnahmt. Der Schmerz ist jetzt eventuell weiter spürbar, doch Hilflosigkeit und Angst nehmen ab.

Gegründet im körperlichen Wohlfühlort und verbunden mit dem Atem können wir die Aufmerksamkeit auch auf den ganzen Körper lenken und weitere Symptome des Schmerzes erkunden, um uns vor drohender Vereinnahmung zu bewahren. Vielleicht ist unsere Stirn angespannt, die Schultern sind hochgezogen, wir beginnen zu schwitzen oder neigen zu fahrigen Bewegungen. Auch die damit verbundenen Gedanken und gedanklichen Bewertungen, Beurteilungen und Interpretationen nehmen wir bewusst wahr. „Das ist gefährlich“, „Das ist ungerecht“, „Das ist jetzt die Strafe“, „Ich habe keine Kontrolle“, „Ich bekomme keine Unterstützung“, „Ich schaffe das nicht“, könnten solche Gedankeninhalte sein. Solange Gedanken über den Schmerz unbewusst oder halbbewusst agieren, verstärken sie oft die Identifikation mit dem Schmerz.

Mit Gedanken sind zudem innere Bilder und Emotionen verbunden. Hier wirkt speziell das Verstandesbewusstsein. Indem wir uns im nächsten Schritt bewusst vom Inhalt der Gedanken sowie von den Bildern und Gefühlen abwenden und stattdessen nur auf deren Wechselwirkungen achten, lösen wir uns aus dem Besetztsein. Wir erleben, wie Gedanken, Bilder und Gefühle einander bedingen und verstärken, und lösen uns so aus der Identifikation mit ihnen. Dazu braucht es einen klaren Entschluss, Vertrautsein mit den Möglichkeiten der Bewusstseinsebenen und ein wenig Übung in ihnen.

Tiefere Einfühlung in den Wohlfühlort oder in eines der Energiezentren (Chakren), am besten ein schmerzfernes, bringt uns mit tieferen Körperdimensionen in Verbindung. In der Folge lösen wir uns von der Vereinnahmung des äußeren, des grobstofflichen Körpers mit seinen Schmerzen, und von damit verbundenen Denkstrukturen.

Neben Entschlossenheit braucht es dazu Mut und Geduld. Auf die Frage, was sie am meisten gelernt haben, antworten Schmerzpatienten nicht selten: „Geduld haben wir gelernt.“ Durch geduldige und bewusste Praxis mit Schmerz wird dieser entpersönlicht. Immer wieder gilt es auf diesem Weg, die eigenen Grenzen zu erkennen und zu akzeptieren und ggf. Schmerzmittel zu Hilfe zu nehmen. In dem Maß, in dem wir den Schmerz entpersönlichen, erkennen wir ihn als körperliches Phänomen, das Erscheinungen im Bewusstsein zur Folge hat. Wir lösen uns damit aus der gefühlten Gefangenschaft im Körper und damit ein Stück weit aus der Angst.

Angst vor Sterben und Tod

Zu unseren grundlegenden Ängsten zählt die Angst, nicht mehr zu sein, also die Angst vor dem Tod. Solange wir denken, dass mit dem Tod das Leben zu Ende geht, statt nur eine Form des Lebens, solange wird der Tod uns ängstigen.

In der Mandala-Praxis des tantrischen Buddhismus betrachten wir uns und jeden Menschen als ein Mandala. Ein Mandala besteht aus verschiedenen Kreisen, darin Dreiecke und Vierecke und in der Mitte einem Zentrum. Traditionell wird es auf einem Thangka[2] abgebildet. Die äußeren Ebenen des Mandala entsprechen den individuellen Ebenen unserer Persönlichkeit wie Intellekt, Sprache, Konzepte usw. Diese Ebenen sind mit unserem Gewohnheitsbewusstsein zu erkennen, zu analysieren und zu beschreiben. Aber jenseits des Gewöhnlichen gibt es in der Tiefe das Zentrum, und dieses ist unnennbar, ist formlos und unsichtbar. Wir können dieses Zentrum göttliches Bewusstsein, Gottesgeist, Buddha-Natur oder Tao nennen, doch letztlich ist kein

[2] Thangka: Rollbild des tantrischen Buddhismus mit Darstellung von Buddhas, Bodhisattvas, oder Symbolen wie dem Mandala. Allen tibetischen Rollbildern ist eigen, dass sie dem Gläubigen Hilfsmittel auf dem Weg zur Befreiung von ihn bedrängendem Übel und Leiden sind.

Begriff wirklich tauglich. Im Tao Te King heißt es ja auch „Das Tao, dem ein Name gegeben werden kann, ist nicht das Tao“. Begriffe sind begrenzt und können Unbegrenztes nicht beschreiben. Das Zentrum des Mandalas, also die tiefste Essenz unserer Persönlichkeit, wird auch als potentielles Feld umschrieben. Und aus diesem entfaltet sich aus tantrischer Sicht nach der Zeugung unsere Persönlichkeit und faltet sich im Sterbeprozess wieder ein bis in diese tiefste Ebene. Dieser Bereich stirbt nie. Wir könnten also sagen, das Leben kann nicht sterben, nur die Form des Lebens wird zurückkehren zum Ursprung, so wie die Welle zurückfällt in den Ozean. Diese Sicht wirft einen völlig anderen Blick auf den Tod und erklärt, warum Praktizierende, die tiefe Einsichten in der Mandala-Praxis erworben haben, keine Angst mehr vor dem Tod empfinden. Im Übrigen erleben wir diesen Einfaltungsprozess jede Nacht. Im Tiefschlaf, also unterhalb des Traumbewusstseins, berühren wir das Zentrum des Mandalas, also unsere tiefste Seins-Natur. Dies ist uns von Nutzen, sobald wir Bewusstheit in diese Zusammenhänge bringen können. Die Tibeter betrachten die Spanne von der Zeugung bis zum Sterbeprozess, also vom Beginn der Ausfaltung bis zum Ende der Einfaltung, als „großen Kreislauf“ und die allnächtliche Einfaltung und morgendliche Ausfaltung als „kleinen Kreislauf“.

Ängste in Beziehungen

Insbesondere in nahen Beziehungen können leicht Ängste aktiviert werden. In intimen Beziehungen öffnen wir uns und machen uns verletzbar. Unsere erste nahe Beziehung war vermutlich die zur unserer Mutter. Im Mutterleib waren wir sehr dicht mir ihr verbunden, wir waren geradezu in ihr, sie trug uns „unter ihrem Herzen“, wie man früher sagte. Dann wurden wir geboren, die Nabelschnur wurde durchtrennt und fortan waren wir getrennt. Wenn es gut ging, war die Mutter nah, wir waren auf ihrem Bauch oder in ihrem Arm, aber dennoch nicht mehr in ihr. Gleichzeitig bestanden natürlich unsere Bedürfnisse nach Nähe, Geborgenheit, Berührung, Wärme und Liebe weiter. Nun kann auch die liebevollste Mutter der Welt die Bedürfnisse ihres Kindes nicht 24 Stunden am Tag vollkommen stillen. So entstanden ungewollt Verletzlichkeiten und damit die Basis für spätere Ängste.

Obwohl Angst und Liebe als entgegengesetzte Gefühle gelten, können sie auch gleichzeitig vorhanden sein. Ein mir sehr nahestehender Mensch, den ich sehr liebe, wurde wegen einer plötzlichen, lebensbedrohlichen Erkrankung in die Intensivstation eines Krankenhauses aufgenommen. Ich bekam die Nachricht am späten Abend und verbrachte die Nacht mit Ängsten in einer Intensität, wie ich sie lange nicht erlebt hatte. Vermutlich ist dies die Erfahrung vieler Menschen: Erkrankt ein enges Familienmitglied oder die Partnerin/der Partner ernsthaft, so können wir Angst um diesen Menschen erleben.

In Partnerschaften oder Freundschaften werden wir uns immer wieder einmal als zu wenig beachtet, zurückgestoßen oder abgelehnt erleben. Dies kann, vor allem wenn damit ein Grundschmerz in uns berührt wird, Wut und Aggression hervorrufen, hinter denen wiederum ein tieferes Gefühl von Unsicherheit sowie Verlustängste stecken. Sich der eigenen Wut und Aggression zu stellen und sich die dahinter liegende Angst einzugestehen, statt diesen Gefühlen aus dem Weg gehen zu wollen, wäre ein erster Schritt in Richtung Heilung. Uns in intimen Beziehungen in unseren Unsicherheiten und Ängsten zu offenbaren, ohne sie exhibitionistisch vorzuführen, erfordert Mut und Stärke und kann dabei gleichzeitig das beiderseitige Vertrauen vertiefen.

Die Angst vor Nähe

„Ich sehne mich so sehr nach Nähe, und wenn dann jemand kommt, kann ich sie nicht zulassen." Wie oft höre ich diesen Satz oder spüre, wie er in Gesprächen durchklingt.

Die Angst vor Nähe ist in ihrem Wesen eine Angst vor dem Verlust der eigenen Autonomie und eine Folge von schmerzhaften Beziehungserfahrungen. Um diese nicht wiedererleben zu müssen, wirkt ein tiefer psychischer Schutzmechanismus in uns – alles abwehrend, was eine Bedrohung für unsere Eigenständigkeit und Integrität, unsere seelische Ganzheit, bedeuten könnte. Als Kind war es für uns überlebenswichtig, uns zu unserer Familie zugehörig zu fühlen. Nun gibt es sicher bei uns allen Gefühle und Verhaltensweisen, für die wir uns nicht liebenswert halten und für die wir keine Anerkennung erfahren. Versuchen wir aber nun, diese Anteile in uns in den Keller abzuschieben, unterdrücken wir wesentliche Bedürfnisse in uns und laufen Gefahr, dass sie jeden Moment unkontrolliert und noch mächtiger als zuvor an die Oberfläche treten. Wie können wir wirkliche Nähe zulassen, wenn wir in ständiger Angst leben müssen, der andere könne Teile von uns sehen, die wir selbst nicht sehen wollen und als nicht liebenswert empfinden?

Nähe wird über Fühlen, über Einfühlung vermittelt, nicht aber über Denken. Je dominanter bei uns das Verstandesbewusstsein wirkt, umso entschlossener müssen wir uns um Einfühlung bemühen, zunächst auf der körperlichen Ebene. Entsprechende Erklärungen folgen im Kapitel „Praxis mit dem Körperfühlbewusstsein". Aus der Nähe zu uns selbst finden wir in eine innere Balance und Stabilität, die der Angst den Boden entzieht. Aus der Nähe zu uns selbst wirken wir für andere balanciert und ungefährlicher und ermöglichen ihnen, sich ihrerseits nach innen zu verbinden. Ein großes Geschenk für andere ist unsere eigene Angstlosigkeit auf der Basis unserer Nähe zu uns selbst.

Es braucht die fürsorgliche und mitfühlende Verbundenheit mit uns selbst, um den inneren Kampf aufzulösen und damit auch immer weniger die ablehnende Abgrenzung nach außen zu brauchen. Dann können wir aus einem gesunden Ich-Gefühl erspüren, wann jemand über unsere Grenzen zu gehen neigt und dies mit einer natürlichen Deutlichkeit ausdrücken, ohne aus der Verbindung zu gehen. Sind wir nach innen verbunden, spüren wir unsere Bedürfnisse. Andernfalls lassen wir leicht zu, dass andere unsere seelischen Grenzen überschreiten – dann grenzen wir uns aus Selbstschutz so übermäßig nach außen ab, dass wir gar keine Nähe mehr zulassen können. So spüren wir weder Nähe nach innen noch nach außen, wo wir uns doch so nach Verbundenheit sehnen. Was bleibt, ist ein Gefühl der Leere, das durch nichts wirklich dauerhaft kompensiert werden kann.

Was ermöglicht Nähe? Wenn wir uns so zeigen, wie wir sind, mit all unseren Bedürfnissen, Bedürftigkeiten und verletzlichen Seiten, wenn wir uns in Verbindung mit unseren Gefühlen einstimmen auf die Gefühle im Gegenüber, kann daraus Erleben von Nähe entstehen. Wenn es uns gelingt, uns unseren Schmerz einzugestehen und ihn einander in vorsichtigem Vertrauen zu zeigen, öffnet sich die Tür einen Spalt breit und das Licht kann wieder seinen Weg herein finden.

Kannst du dich an einen Moment in deinem Leben erinnern, in dem sich dir ein anderer Mensch in seinem Schmerz und seiner bloßen Verletzlichkeit gezeigt hat, und konntest du empfinden, wie sich dein Herz wie ganz von selbst für diesen Menschen öffnete? Tiefe Verbundenheit entsteht in der Tiefe der Herzen. Verurteile dich also nicht für deine Verletzlichkeit, die Ausdruck deines mitfühlenden menschlichen Wesens ist und dich dieses kostbare Leben in seiner ganzen Fülle erfahren lässt. Das Aufbrechen des Herzens ist es, welches dich wie eine „heilige Wunde" mit der untrennbaren Essenz deines Seins verbinden kann.

Die Bande, welche die Traurigkeit zwischen
zwei Seelen knüpft,
sind stärker als die Bande der Glückseligkeit.
Und die Liebe, die mit Tränen besiegelt wird,
bleibt ewig rein und schön.

Khalil Gibran

Wahre, gesunde Autonomie ist nur zu erreichen, indem du Verantwortung für deine eigenen Verletzlichkeiten übernimmst und dich ihnen wie eine Mutter ihrem Kind mit unbedingter Liebe zuwendest. Im Buddhismus wird diese Form der Liebe *Metta* genannt. Indem du immer wieder einmal innehältst, nach innen spürst und deine momentane Gestimmtheit überprüfst, spürst du, ob gerade ein Bedürfnis in dir unbefriedigt ist und deine Zuwendung braucht. Eine fortwährende Übung in Achtsamkeit könnte sein, ein Gewahrsein zu Beginn der Meditation wie auch im Alltag zu entwickeln, in welcher Gestimmtheit du dich gerade befindest. Über diese liebevolle Selbstzuwendung stellst du deine verlorengegangene Integrität, die wie eine innere Instanz deine seelische Unversehrtheit beschützt und bewahrt, wieder her. Sie ermöglicht dir, deine gesunden seelischen Grenzen zu erhalten und dir selbst in der Tiefe treu zu bleiben. In der Lehrrede vom Bambusakrobaten heißt es: „Sich selbst schützend, schützt man den Anderen; den Anderen schützend, schützt man sich selbst.“ Es ist kein Widerspruch, für dich selbst und gleichzeitig für andere zu sorgen, wenn dein Herz für andere offen bleibt. Indem du aus unheilsamen Verstrickungen aussteigst und dich um deine eigene spirituelle Entwicklung bemühst, ermöglichst du auch anderen, für sich selbst Verantwortung zu übernehmen. So gewinnen beide an gesunder Autonomie, wodurch wieder wirkliche Begegnung und Nähe geschehen können.

Die Angst vor Bindung verhindert unsere Fähigkeit zur Hingabe. Sie kann zu ausgeprägtem Individualismus führen, der Menschen blockieren kann, sich auch nur irgendeinem anders gearteten Du zu öffnen und anzuschließen. So z. B. auch, sich einer Sangha[3] anzuschließen, sich auf die Beziehung zu einem Lehrer einzulassen oder sich auf einen „Gott“ oder ein Gotteswesen zu beziehen, womit so jemandem die heilsamen, kraftspendenden Möglichkeiten der Zufluchtnahme verwehrt bleiben. Eine solche Angst kann durch frühkindliche traumatische Bindungserfahrungen entstanden sein, die wir mit einer Überlebensstrategie zu bewältigen versucht haben, die da hieß: „Ich brauche niemanden, ich brauche keine Liebe.“

Für ein schwach ausgeprägtes Selbst kann es auch im Erwachsenenalter notwendig sein, die eigenen Grenzen nach außen deutlich zu definieren, um die in früher Kindheit verletzte Integrität zu heilen. Heilung geschieht, wenn wir Grenzen mit einem offenen Herzen setzen, das sowohl Weisheit als auch das achtsame Mitgefühl für uns selbst und den anderen einschließt.

Die Angst, nicht geliebt zu werden

Als menschlichen Wesen ist in uns ein tiefes biologisches Bedürfnis nach Zugehörigkeit und Angenommensein angelegt. Davon ausgehend, dass keine Mutter zu jedem Zeitpunkt alle Bedürfnisse ihres Babys oder Kleinkindes in vollkommener Weise befriedigen kann, tragen wir, wie wir später noch genauer sehen werden, alle verletzliche Selbstempfindungen unterschiedlich stark ausgeprägt als primäre Samen

[3] Sangha: Gemeinschaft buddhistisch praktizierender Menschen.

in uns (Vergleiche hierzu Kapitel „Vertrauen und Verbundenheit erleben mithilfe der Bewusstseinsarten" in Teil II.). Es ist wesentlich, dies zu verstehen, da es uns ermöglicht, in schwierigen Situationen Mitgefühl und Verständnis für uns selbst und andere zu entwickeln. Erleben wir nun heute Ablehnung durch eine geliebte Person, zieht sie sich von uns zurück oder erwidert nicht unsere Liebe in gleichem Maße, wird dieses Urgefühl des Nicht-geliebt-Werdens reaktiviert. Wir werden schnell unbewusst und identifizieren uns wieder mit dem inneren Kind in uns, das sich bedürftig und nicht liebenswert fühlt. Je verletzlicher wir uns fühlen, umso mehr brauchen wir unsere eigene Fürsorge und liebevolle Selbstannahme. Diese werden uns aber nur möglich sein, wenn wir aus der Identifizierung heraustreten und uns unseren verletzlichen Anteilen wie eine liebevolle Mutter zuwenden.

Der erste Schritt ist auch hier innezuhalten und bewusst nach innen zu spüren. Wir erspüren, welche Bedürfnisse in uns in diesem Moment gerade unerfüllt sind und bemühen uns, uns so gut es geht nicht für diese Bedürftigkeit zu verurteilen. Es bedarf eines aufmerksamen Nach-innen-Lauschens, um die auftauchenden Stimmen wahrzunehmen und jeder Welle von Urteil und Kritik Aufmerksamkeit zu schenken, aber auch Distanz zu ihr zu wahren, sodass sie uns nicht besetzen kann. Auf der Basis der Körpereinfühlung (vergleiche hierzu Kapitel „Praxis mit dem Körperfühlbewusstsein" in Teil III) können wir uns im Hier und Jetzt erden als die erwachsene Person, die wir heute sind, um in unserer gegenwärtigen Präsenz zu bleiben und nicht in die Identifikation mit unserem Schmerz und unserem inneren Kind zu rutschen. Dieser Sog kann sehr stark sein, wenn die verletzliche Selbstempfindung sehr intensiv ist. Hier braucht es viel Bewusstheit und Entschlusskraft, die uns umso leichter fällt, je mehr wir in guten Zeiten praktiziert haben. Es kann hilfreich sein, sich bewusst zu machen, dass wir an diesen Erfahrungen nicht Schuld waren. Nicht selten haben wir als Kinder den Mangel an Liebe mit der Erklärung zu verstehen versucht, wir seien es wohl nicht wert oder seien „schlecht" und nicht liebenswert.

Wenn du dich also liebesbedürftig und schwach erlebst, wende dich dir selbst zu, verbinde dich nach innen, nehme Kontakt auf zu deinem fühlenden Körperbewusstsein, gründe dich in deinem Wohlfühlort und schenke dir Mitgefühl. Mitgefühl für die schmerzhaften Erfahrungen, die heute zu der Bedürftigkeit führen. Erkenne, dass es nicht „deine Schuld" ist, dass diese Gefühle auftauchen, erkenne, dass du nicht darum gebeten hast, dieses Verlangen und diesen inneren Mangel zu erleben. Tara Brach rät, dem bedürftigen Ich zu vergeben, sein Vorhandensein in Mitgefühl zu akzeptieren. Sagst du Ja zu den Gefühlen der Dringlichkeit, Spannung und Angst, so begegnest du den Empfindungen und Gedanken von Bedürftigkeit mit „Radikaler Akzeptanz".[4]

Spüre, wie sich dieses Bedürfnis anfühlt, wie es sich als spürbare Empfindung im Körper ausdrückt. Sag innerlich Ja zu jeder Empfindung, die auftaucht, sag im Stillen: „Auch das", und wende dich mit sanfter Aufmerksamkeit allen Empfindungen im Körper zu.[5] Wenn Gefühle von Scham oder Schuld auftreten, sei einfach nur präsent, entspanne dich in den gegenwärtigen Moment und alle auftauchenden Empfindungen hinein, ohne irgendetwas davon abzulehnen oder festzuhalten. Bleibe in

---

[4] Vgl. Tara Brach: *Mit dem Herzen eines Buddhas*, S. 183 ff.

[5] Ebd., vgl. S. 180.

dir gegründet und beobachte das Auftauchen der Empfindungen, wie lange sie verweilen und wie sie sich wandeln.

Letztlich geht es darum, unsere Identität eines bedürftigen Ichs loszulassen. Wir können uns erinnern: „Ich bin nicht dieser Schmerz, ich bin viel mehr als diese Erfahrung." Tara Brach schreibt: „Wir leiden, wenn unsere Erfahrung von Begierde, unsere Erfahrung von dem, wer und was wir sind, bestimmt und begrenzt wird. Wenn wir den Empfindungen und Gedanken von Bedürftigkeit und Gier mit „Radikaler Akzeptanz" begegnen, lassen wir die Identität eines bedürftigen Ichs allmählich hinter uns und verbinden uns wieder mit der ganzen Fülle unseres Seins."[6]

Erfahren wir uns mehr und mehr in unserer Essenz, werden wir zu Liebe. Dann können wir uns von ihr erfüllen und sie nach außen strahlen lassen, ohne dass wir etwas für sie zurückerwarten müssten. Einfach, weil Liebe sich selbst genug ist.

> Die begrenzte Liebe sucht den Besitz des Anderen,
> doch die grenzenlose Liebe
> verlangt nichts als zu lieben.
>
> Khalil Gibran

---

[6] Ebd., S. 186.

Die Angst, nicht zu genügen

Die Angst, in Beziehungen nicht zu genügen, wird besonders deutlich im Erlebnisfeld der Sexualität. In meiner Arztpraxis gab es diesbezüglich viele Gespräche mit meinen Patientinnen und zum Teil auch mit deren Partnern. Als buddhistischer Lehrer spreche ich mit meinen Schülern über die gleichen Themen, allerdings unter etwas anderen Vorzeichen. Von Frauen höre ich oft, dass ihre Männer schnell zum Koitus drängen, ohne vorher eine tiefere, zärtliche Verbindung hergestellt zu haben. Männer berichten mir, dass ihre Partnerin ein viel langsameres Tempo braucht, bei dem ihnen die Lust vergeht. John Welwood schreibt dazu:

„In der Sexualität haben die meisten Frauen das Bedürfnis, verführt, umworben und langsam und behutsam erregt zu werden. Wenn der Mann darauf besteht, dass die Frau sich seinem schnelleren Tempo anpasst, empfindet sie ihn als lieblos oder rücksichtslos. In emotionaler Hinsicht geschieht das Gleiche, nur umgekehrt. So wie es einer Frau schwerfällt, sexuell sofort für den Mann präsent zu sein, findet es ein Mann schwierig, für eine Frau sofort emotional präsent zu sein."[7]

Wenn beide Partner vom jeweils anderen erwarten, dass er seinem Tempo folgt, lösen beide im Gegenüber die Angst aus, nicht zu genügen. Der daraus entstehende Konflikt wird noch angeheizt durch mögliche abfällige Bemerkungen wie: „Du hast ja nie Lust" oder „Du bist ja nur im Kopf, Gefühle kennst du wohl gar nicht?"

---

[7] John Welwood: *Bewusst lieben,* S. 223.

Solche oder ähnliche Ängste werden noch verstärkt, wenn ein Partner durch Krankheiten, Operationen oder Medikamente eine Reduktion oder gar den Verlust seiner sexuellen Möglichkeiten erleben muss. Auch wenn Frau oder Mann sich mit einem/einer deutlich jüngeren Partner/in verbindet, wird schnell die Angst ausgelöst, unfähig zu sein. Die buddhistische Achtsamkeitspraxis unterstützt uns dabei, diese Ängste zu erkennen und sie uns einzugestehen. Die Mitgefühlspraxis lässt uns Wege erkennen, damit umzugehen.

„Ein wahrer spiritueller Krieger kann nach außen hin sanft sein, weil er nämlich stark ist. Indem er mit seinen wunden Punkten arbeitet, sich seiner Angst stellt und sich selbst immer besser kennenlernt, entwickelt er mehr Kraft."[8]

Eifersucht als Erscheinungsform von Angst

Eifersucht als Spielart der Angst kann in Beziehungen viele Konflikte auslösen und ein ziemliches Durcheinander anrichten. Für den Betroffenen kann sie sehr quälend werden, schlaflose Nächte bereiten und zu törichten oder befremdlichen Verhaltensweisen führen.

Während Eifersucht in geringer „Dosis" möglicherweise einem anderen Menschen zeigt, wie wichtig er uns ist, kann sie in hohen „Dosen" als Gift fungieren, das schnell wirkt und sehr zerstörerisch sein kann. Das Wort setzt sich nicht umsonst zusammen aus dem althochdeutschen *eiver* (= das Bittere, Herbe) und *suht* (= Krankheit).

---

[8] Ebd.

Eifersucht verengt unsere Wahrnehmung, in der Folge ziehen wir falsche Schlüsse und aus falschen Schlüssen folgen unheilsame Verhaltensweisen. Von einem Extrem des Gesagten wurde kürzlich in der Zeitung berichtet. Man sah auf einem Bild einen gut gekleideten älteren Herrn vor seiner Villa im Berliner Nobelbezirk Grunewald. Seine Hände waren in Handschellen. Er wurde gerade von Polizisten abgeführt, da er seine junge Lebensgefährtin umgebracht hatte. Sein Motiv war: Eifersucht.

Wenn wir auf einen anderen Menschen eifersüchtig sind, schauen wir beim anderen auf das, was wir vermeintlich nicht haben oder sind. Was wir selbst haben oder sind, sehen wir in diesem Moment nicht. Eher fühlen wir uns minderwertig, klein oder zurückgesetzt. Wenn die Eifersucht uns besetzt, neigen wir zu den unterschiedlichsten Reaktionen. Manche ziehen sich zurück, andere neigen dazu, die betroffene Person zu verleumden oder sie kreieren in ihrer partnerschaftlichen Beziehung eine Form der Abhängigkeit, die dem anderen die Luft zum Atmen nimmt. Wir schaffen vielleicht einen Käfig der Zweisamkeit zu Hause und der/die eine darf keinen Schritt tun, keine Verabredung treffen, ohne die Erlaubnis des/der anderen. Attraktive Freundinnen oder Freunde werden erst gar nicht mehr nach Hause eingeladen. Und andere, die ein wenig näher kommen, sehen wir als potenzielle Gefahr, die unsere Beziehung bedrohen und uns etwas wegnehmen können. Hinter der Eifersucht in Beziehungen steht also oft die Angst, nicht zu genügen oder die Angst, verlassen zu werden. So wundert es nicht, dass Selbstunsicherheit und Selbstzweifel einen guten Nährboden bieten für das Anwachsen von Eifersucht.

Entsprechende Prägungen von Minderwertigkeit werden in bestimmten typischen Situationen ausgelöst, z. B. wenn deine Partnerin oder dein Partner Vertraulichkeiten mit einem anderen Menschen austauscht. Hast du das schon erlebt? Wenn ja, wie hast du dich gefühlt? Hattest du den Eindruck, du solltest nicht dabei sein? Auf die Frage: Darf ich dabei sein und zuhören, würden vermutlich beide sagen: „Ja, natürlich!“ Doch deine Wahrnehmung ist eine andere: „Ich bin ausgeschlossen, der/die andere ist besser“.

Eifersucht ist ein Gefühl, das Verbindung will und Trennung schafft. Wenn du aus deiner Eifersucht heraus deine/n Partner/in bedrängst oder einengst, wird er/sie möglicherweise eher abrücken und sich von dir wegbewegen. Du fühlst dich unverstanden und dein/e Partner/in fühlt sich eingeschränkt und unfair behandelt. Vielleicht trennt er/sie sich dann sogar von dir. Dann erlebst du als Folge deiner Eifersucht genau das Gegenteil von dem, was du willst: Trennung statt Verbindung. Natürlich kann es sein, dass der Mensch, mit dem du zusammen bist, Grenzen überschreitet, Vereinbarungen bricht und sich z. B. mit jemand anderem einlässt. Richte darum deine Aufmerksamkeit auch auf die Frage, ob du aus Eifersucht fürchtest, dass etwas nicht stimmt, oder ob du zu der Einsicht gekommen bist, dass es tatsächlich so ist. Wenn du vermutest, dass die Beziehung möglicherweise nicht stark genug ist oder wenn du in deinem Partner nicht die Stärke erkennst, einer Versuchung zu widerstehen, kannst du die Bitte formulieren, er möge etwas Bestimmtes nicht tun.

Ängste in Beziehungen auflösen am Beispiel von Eifersucht und Neid

Gibt es Möglichkeiten, Eifersucht und Neid nicht immer wieder anwachsen zu lassen, sondern die Wurzeln dieser Gefühle aufzulösen? Vorausgeschickt sei, dass ich ein gewisses Ausmaß an Eifersucht als normal empfinde und glaube, dass sie manchmal in einer Beziehung auch durchaus konstruktiv sein kann. Es kann dich wacher werden lassen. So kannst du bewusster umgehen mit Dingen, denen du in deiner Beziehung bisher vielleicht nicht genügend Beachtung geschenkt hast. Normal ist meiner Ansicht nach auch, dass wir, die wir nicht vollkommen erleuchtet sind, in manchen Situationen das Glück anderer nur schwer ertragen und in ein Gefühl von Neid verfallen können. Es gibt solche Momente im Leben, in denen wir uns im Mangel fühlen, und dann erleben, wie jemand anderem alles zufällt. Dieser Mensch hat all das, was wir so gerne hätten. Dann ist es für mich ein normales Erleben, Eifersucht und Neid zu empfinden. „Freu dich doch mit ihm!“, sagt uns dann vielleicht auch noch jemand, und wir fühlen uns unverstanden. Mitfreude in einer solchen Situation zu praktizieren bedeutet dann eine Überforderung für uns. Es ist wichtig, die eigenen Gefühlsregungen, auch Eifersucht und Neid, zu akzeptieren. Was du nicht akzeptierst, kannst du nicht verstehen. Und wie willst du deine Eifersucht auflösen, wenn du sie nicht verstanden hast?

Achtsame Selbstzuwendung und Selbsteinfühlung lassen dich deiner inneren Gestimmtheit gewahr werden. Du erkennst möglichst frühzeitig, wann sich Eifersucht aufbaut. Es gilt dann, dir dieses Gefühl einzugestehen und direkt zu fühlen. Das braucht wiederum einen bewussten Entschluss, denn schmerzhafte Gefühle direkt erleben möchte kaum jemand. Doch ein Aspekt unseres spirituellen Läuterungsweges besteht darin, dass wir uns auch den Gefühlen öffnen, die wir am wenigsten fühlen wollen. „Lehne nichts ab, am allerwenigsten etwas in dir selbst", heißt es in Indien.

Akzeptiere also, dass du Eifersucht empfindest. Eifersucht weghaben zu wollen, ist Ausdruck von Widerstand, und Widerstand kostet Energie und verstärkt im Allgemeinen das, wogegen du angehst. Praktiziere zunächst Körpereinfühlung: Wo ist die Eifersucht am deutlichsten spürbar im Körper? Wie fühlt sie sich an? Zuwenden, spüren, annehmen – das sind die ersten Schritte (vergleiche „Praxis mit dem Körperfühlbewusstsein" in Teil III).

Bei der Körpereinfühlung passieren drei wünschenswerte Dinge:

1. Indem du die körperlichen Empfindungen spürst, die mit der Eifersucht einhergehen, nimmst du Verbindung mit dem Körper auf und kappst die Verbindung zu Gedanken und Emotionen, nährst sie nicht weiter. Eifersucht wird von Gedanken in Gang gehalten. Du weißt vermutlich, wie kreativ du darin bist, dir Horrorszenarien auszumalen, wenn deine Liebste/dein Liebster abends nicht nach Hause kommt …

2. Bewusstheit in Bezug auf Eifersucht entpersönlicht dieses Gefühl. Aus „meiner" Eifersucht wird Eifersucht. Auf diese Weise reduzierst du deine Reaktivität, nämlich auf eine für dich typische Art, aus

„deiner“ Eifersucht heraus zu handeln. Wenn du das Gefühl annimmst und erforschst, wo es körperlich am deutlichsten spürbar ist, entsteht in deiner Wahrnehmung ein Raum um dieses Gefühl herum. Nun kannst du erkennen, was die Eifersucht ist, nämlich ein Konglomerat aus Gefühlen, Gedanken, Handlungsimpulsen und Bedürfnissen. Über das Gefühl hinauswachsend erfährst du, dass es im selben Moment noch viel mehr gibt als dieses Gefühl. Das ist der erste Schritt, um den Knoten zu lösen, der dieses Gebilde zusammenhält. Du erlebst, dass dir ganz in der Tiefe etwas fehlt. Du hörst jetzt die Stimme der Sehnsucht. Und du erkennst auch, dass keine Person, kein Umstand diese Sehnsucht je wird stillen können.

Bleibe dieser Sehnsucht treu, aber versuche nicht mehr, sie zu stillen, indem du an der Oberfläche agierst. Einfühlung, Fühl- oder Spürbewusstsein bringen dich in tiefere Ebenen in Richtung Verbindung zum Ganzen.

II. Teil: Einen heilsamen Umgang mit der Angst finden

Ich-Identifikationen

Der Buddha lehrte die Entfaltung von bedingungsloser Liebe (Metta) als direktes Gegenmittel zur Angst. Liebe entfalten hat damit zu tun, dass wir über begrenzende Identitäten hinauswachsen, sie abstreifen, uns wandeln, wie eine Raupe sich zum Schmetterling wandelt. Angst hingegen hat damit zu tun, dass wir in begrenzenden Identitäten erstarren. Unsicherheit, Hilflosigkeit und Angst wurzeln im Erleben von Trennung. Und Trennung wiederum ist Merkmal einer jeden Ich-Identifikation. Umso mehr ich mich mit meiner Rolle als Arzt identifiziere und dir die Rolle als Patient zuschreibe und wir aus diesen Rollen heraus miteinander agieren, umso leichter kann unsere menschliche Ebene, unsere Herzensgüte, „auf der Strecke“ bleiben. Die Folge werden Unsicherheit, Unbehaglichkeit und Angst bei dir sein, wenn ich als Arzt in Aktion trete. Aber auch ich werde vermutlich schnell in Angst vor eigenen Fehlern und deiner möglichen Bereitschaft geraten, mich zu verklagen. Würden wir uns jedoch gegenseitig mehr als empfindsame Menschen wahrnehmen, die sich vorübergehend aus den Rollen als Arzt und Patient begegnen, hätte die Angst deutlich weniger Nährboden.

Unsere Ich-Identifikation ist ein mentales Konstrukt aus Selbstbildern, Selbstkonzepten und Rollen bzw. aus der Identifikation mit ihnen. Wenn ich mich einem fremden Menschen vorstelle mit: „Guten Tag, ich bin Arzt“, so bringe ich damit die Identifikation mit meiner beruflichen Rolle zum Ausdruck. Nun scheinen die meisten Menschen viel Energie aufzubringen, ihre Ich-Identifikation zu stärken, egal wie zufriedenstellend oder unbefriedigend, wie wertvoll oder wertlos sie erlebt wird. Lieber eine schmerzhafte, wertlose Identität, als gar keine, ist offenbar die Devise vieler Menschen.

In Gesprächen höre ich immer wieder Fragen wie:

- „Im Buddhismus heißt es, das Ich sei eine Illusion. Es wird oft von Ich-IllusionDurchschauen gesprochen. Heißt das, dass es mich gar nicht gibt? Wer meditiert dann und vor allem wozu?"

- „Wenn das Ich eine Illusion ist, die aufgelöst werden muss – wie kann eine Illusion sich selbst auflösen?"

- „Man sagte mir, ich solle mein Ego und meine egobezogenen Wünsche einfach loslassen – aber wie?"

- „Mein Psychotherapeut versucht, mein Ich zu stabilisieren, weil er eine Ich-Schwäche in mir diagnostiziert hat. In spirituellen Kreisen werde ich hingegen angeleitet, mein Ich zu schwächen, um es schließlich ganz aufzulösen. Was für den einen als krankhaft gilt, nämlich meine Ich-Schwäche und als Wurzel vieler meiner Probleme, ist für den anderen das Ziel der Praxis. Dies verunsichert mich sehr – wie soll ich damit umgehen?"

Nun, zunächst: Ich und Ego sind nicht identisch – und beide sind keine Illusion, denn sie sind ja offenbar wirksam und erkennbar. Vielleicht hat die Illusion eher damit zu tun, das Ich als absolut anzusehen.

Wir wurden in diese Welt geboren mit Körper und Bewusstsein. Das Bewusstsein war anfangs noch wenig klar. Wir konnten wahrnehmen, dass da etwas ist, aber nicht genau erkennen und beschreiben, was es ist. Da war ein Selbst, eine Erfahrung von mir und anderen, aber diese Erfahrung war flau, fließend. Dieses Selbst als erste Schicht der verdichteten Ich-Ebenen wird im tibetischen Buddhismus laut Tsoknyi Rinpoche als „DAK TSAM"[9] = „Bloßes Ich" bezeichnet.

Auf der ersten Ich-Ebene, der Ebene des *Bloßen Ichs*, erleben wir als Säugling eine Seinserfahrung, die wie ein Fließen, wie ein Strom von Empfindungen von Hunger – Durst, Wärme – Kälte, behaglich – unbehaglich beschrieben werden kann. Die Unterscheidungen, die wir auf den Ebenen des Bloßen Ichs treffen, sind locker, nicht absolut, nicht fixiert. Gleichzeitig sind wir sehr offen und empfänglich. Wir haben noch keine fixierten Konzepte von uns und anderen. Ich war mit meinem zweijährigen Enkel im Zoo vor dem Gorillagehege. Ich meinte, die Gorillas müssten ihn beeindrucken, doch ihn beeindruckte am meisten eine kleine Ameise, die über das Geländer kroch.

Allmählich lernen wir mehr und mehr zu unterscheiden und zu beurteilen. Und wenn wir Unterscheidungen getroffen und Urteile gefallt haben, glauben wir daran und fixieren sie. Damit bekommt der Objektpol mit seinen Gedanken, Emotionen etc. etwas Absolutes. Dieser Verdichtungsprozess führt zur nächsten Ich-Ebene, dem *Festen Ich* – es ist ein verfestigtes Ich, das dem Ego entspricht. Dieses verfestigte Ich sieht im Gegenüber ein festes Du. Wir etablieren eine Art Ichheit, mit der

---

[9] DAK = Ich; TSAM = ungefähr, in etwa.

wir uns identifizieren. Aus diesem Schritt erwächst das Ego, das uns als solider Mittelpunkt in einer immer komplexer werdenden Erfahrungswelt dienen soll. Das weite offene Bewusstsein der Bloßen Ich-Ebene verdichtet sich zum Konzeptbewusstsein, welches ständig fixiert und sich identifiziert und dadurch eine Identität erschafft.

Indem wir uns identifizieren – die stärkste Identifikation ist die mit dem Körper – begrenzen wir uns und halten uns getrennt. Etwas, das uns ursprünglich als Schutz und zum Überleben diente und für Stabilität und Sicherheit sorgte, beginnt uns durch unsere Verfestigung einzuengen. Je mehr wir uns fixieren und unsere Perspektive einengen, umso mehr wird unsere gegenseitige Bezogenheit vergessen. Damit trennen wir uns auf doppelte Weise von der Wahrheit:

- indem wir unsere Wahrnehmungen als etwas Absolutes, unsere Unterscheidungen als etwas Festes und Wahres sehen,

- indem wir unsere gegenseitige Abhängigkeit und gegenseitige Bezogenheit vergessen.

Indem wir uns selbst begrenzen und verengen, entstehen Spannungen und Verwirrung. Der Druck und die zunehmende Bedürftigkeit führen möglicherweise dazu, dass wir nehmen, was wir kriegen können und uns ohne Rücksicht auf andere verhalten. Wir wissen oft nicht, wie wir auf andere wirken. Wir haben diese Verhaltensweisen ja ursprünglich in der Kindheit entwickelt, um uns zu schützen und können nun nicht erkennen (Verwirrung), dass sie nun keinen Schutz mehr bieten, sondern uns behindern und in die Einsamkeit treiben. Je bedürftiger und einsamer wir uns fühlen, umso eher werden wir nehmen, was wir kriegen können – nicht, weil wir schlechte Menschen sind, sondern weil wir sehr bedürftig sind und keine andere Perspektive haben.

Immer, wenn wir uns auf eine enge Perspektive und Überzeugungen von uns und anderen fixieren, begeben wir uns in eine verletzliche Sicht, da wir die Wirklichkeit verzerren. Dieser Prozess ist umso ausgeprägter und drastischer, je weniger der Übergang von der fließenden Erfahrung des Bloßen Ich zum Festen Ich, der Ich-Identität, mit Liebe und Klarheit begleitet wurde. Nach Tsoknyi Rinpoche kann man sich das so vorstellen, als würden wir Wasser ins Gefrierfach stellen, um Eiswürfel zu machen. Die grundlegende Natur des Wassers hat sich nicht verändert, nur ist es jetzt erstarrt und in kleine Würfel unterteilt. Dann differenzieren und fixieren wir weiter in Subjekte und Objekte, solche, die wir mögen und andere, die wir nicht mögen.

Indem wir uns identifizieren und fixieren entsteht also das Ego. Dabei geht das Bloße Ich nicht verloren, nur ist es jetzt verdeckt – als würden die Egoverfestigungen sich wie ein Wall um unser Bloßes Ich legen. Je fester wir unser Ich erleben, desto fester wird immer unser Erleben von einem „Du“ und „Anderen“, also Nicht-Ich, sein. Diesem ordnen wir ebenfalls scheinbar feste Eigenschaften zu. Von nun an wird jeder, dem wir begegnen, eingeteilt in:

nützlich – Freund:	daraus erfolgt Anziehung
gefährlich – Feind:	daraus erfolgt Ablehnung
weder noch:	daraus erfolgt Desinteresse

Durch die Einteilung in Freund oder Feind entsteht immer Spannung, woraus sich immer Sieger und Verlierer ergeben. In Beziehungen beginnen wir unsere Offenheit und Liebe von Bedingungen abhängig zu machen – daraus bildet sich die dritte Schicht: das *Selbstbezogene Ich*.

In der Ebene des Selbstbezogenen Ichs beginnen wir alles, was wir erleben, auf uns selbst zu beziehen. Stelle dir beispielsweise eine Situation in der U-Bahn vor: Jemand grüßt dich nicht und du glaubst, er hat etwas gegen dich – obgleich er möglicherweise nur in seine Gedanken vertieft ist. Gleichzeitig geht es immer mehr um:

- „unsere" Bedürfnisse
- „unsere" Wünsche
- „unsere" Probleme
- „unsere" Geschichte usw.

Diese stellen wir dann über die Wünsche und Bedürfnisse der anderen und empfinden sie als wichtiger. Auf diese Weise nimmt unsere Getrenntheit zu anderen Wesen zu und wir erleben uns getrennt von der All-Einheit, der allumfassenden Liebe, mit der wir über unsere Herzchakra-Energie verbunden sind. Durch diese scheinbare Getrenntheit entsteht Dualität und damit die Basis von *Dukkha*[10] und Angst. Diese Zusammenhänge beschreiben die erste und zweite Edle Wahrheit der vier Edlen Wahrheiten im Buddhismus.

---

[10] In Pali bedeutet Dukkha Leid, Unzufriedenheit, Unerfülltheit.

Dem entgegengesetzt wirkt eine Grundkraft, die zur Rückkehr zum Einssein drängt, nämlich die Sehnsucht. Unser Ego widersetzt sich dieser Grundkraft. Einmal installiert will es nicht in der Liebe verschmelzen. Aufgrund seiner Bedürftigkeit will es stattdessen andere eher benutzen und sich an ihnen bereichern. Das Selbstbezogene Ich braucht andere zur Bestätigung, es sucht Erfüllung im Außen und beim Du. Da wir die Verbindung nach innen verloren haben, suchen wir Erfüllung im Außen. Dieses ist jedoch ständig Veränderungen unterworfen und von Unruhe geprägt und somit ist auch unser Ego ständig in Unruhe. Da es aber keinen anderen Weg kennt, hält es fest an diesem Vorgehen. Lieber akzeptieren wir eine unruhige und schmerzhafte Identität als gar keine.

Dabei ist es so, je mehr die Verfestigung von „unserem" Ich zunimmt, desto rechthaberischer und Raum nehmender werden wir. Wir entwickeln großen Ehrgeiz und es braucht immer Verlierer. Wir verlieren den Zugang zu unserer Intuition und Kreativität, stattdessen findet eine Überbetonung der materiellen Welt und Werte statt. Dahinter steht, dass wir den Kontakt zu unserem tieferen Wesen verlieren und zunehmend vom Objektpol vereinnahmt werden.

Auf dieser Basis wird es dem Ego unmöglich, Selbstbeobachtung und Selbsthinterfragen zuzulassen. Selbsteinfühlung, Hingabe und Sich-Einlassen wird unmöglich. Das Ego hat an wahrer spiritueller Praxis kein Interesse, es will die Dinge nicht so sehen, wie sie sind, stattdessen will es weiter durch den Filter der Vorlieben, Abneigungen und Meinungen betrachten. Dahinter steht das Bedürfnis, die Wirklichkeit zu kontrollieren und auf eine erkennbare, vorhersehbare Sache zu reduzieren. Dazu entwickelt es ständig Interpretationen, die verteidigt und begründet werden. Hierdurch verringert sich unsere Fähigkeit, leicht, ungekünstelt und unbefangen mit dem zu sein, was ist. Stattdessen entwickeln wir Verhaltensweisen, die kontrollieren und manipulieren wollen. Wenn wir uns auf diese duale Sicht fixieren, entfernen wir uns von der Wirklichkeit, entstellen sie und begeben uns dadurch in eine verletzliche Sicht. Gleichzeitig entsteht in uns ein nagendes Dauergefühl – „etwas fehlt“ und „wir haben nicht genug.“

Das Ego – es ist ständig hungrig. Es sagt zu allem: „Bitte still mich!“ Dies meint es weniger als Bitte, vielmehr als Forderung. Aus einer Kombination aus Angst und Forderung neigt es dazu, andere Menschen auszunutzen. Seine größte Angst ist es, nicht mehr zu sein. Dies wirkt wie ein Motor hinter allen Aktivitäten wie Aufmerksamkeitsgebaren, etwas Besonderes sein zu wollen, sich hervortun, wissen wollen, was als nächstes geschieht (Kontrolle). Woher kommt die Angst „nicht mehr zu sein“? Das Ego wurzelt in der Identifikation mit Form – die Identifikation mit dem Körper und die Identifikation mit dem Verstand. Da wir das tiefe Wissen in uns tragen, dass Formen immer vergänglich und damit unzuverlässig sind, ist das Ego immer mit Unsicherheit verbunden. Daraus entwickelt sich ein großes Bedürfnis nach Kontrolle.

Die vierte Ich-Ebene kommt im traditionellen Buddhismus nicht vor, wird aber von Tsoknyi Rinpoche beschrieben: Das *soziale Rollen-Ich*. Es bezieht sich auf jene Schicht des Ego, das wir im Umgang mit anderen und in unseren Berufen entwickeln. Rollen sind hilfreich beim Erfüllen einer Funktion, darüber hinaus sind sie jedoch nicht wichtig; auch hier besteht die Gefahr der Identifikation. Die Identifikation mit einer Rolle führt wiederum zu Beurteilungen und Einteilungen. Dann glauben wir irgendwann, wir seien als Taxifahrer weniger wertvoll als jemand anderes, der beispielsweise Arzt ist. Wenn jemand, der über Macht und Einfluss verfügt, mit seinem Rollen-Ich identifiziert ist, neigt er leicht dazu

- Kontrolle über andere auszuüben.
- Strategien zu nutzen, um andere zu verunsichern.
- Absichten geheim zu halten und stattdessen falsche Fährten zu legen: Wenn andere keine Ahnung haben, was du vorhast, können sie sich nicht vorbereiten und du bleibst der Überlegene.
- andere von sich abhängig zu machen: Sich so einzurichten, dass Wohlstand und Job anderer von einem abhängen. Anderen nur so viel beibringen, dass sie nicht ohne einen auskommen können.

Wenn diese Ich-Ebenen dargestellt werden, erweckt es leicht den Anschein, dass sie sich in Schichten und in aufeinanderfolgenden Entwicklungsphasen entfalten. Diese Sicht entspricht auch der Sicht der westlichen Tiefen-Psychologie. Die Ich-Entwicklung beginnt in der frühen Kindheit und entwickelt sich dann Schritt für Schritt auf horizontaler Zeitachse bis zum Ende des Lebens.

Im Buddhismus wird die Ich-Entwicklung eher als fließender Prozess betrachtet, der jeden Moment stattfindet. Es ist die „Kette des Bedingten Entstehens“, an dessen Ende die Geburt des Ego steht – das Ego als die „Aktivität, mit der in jedem Moment unser Konzept von uns selbst immer wieder neu geschaffen und verstärkt wird“[11]. Wenn etwas jeden Moment geschaffen wird, so haben wir auch jeden nächsten Moment die Chance, etwas Anderes, Neues, zu schaffen. Was bedeutet dies? Zunächst geht es für uns darum, zurück zur Bloßen Ich-Ebene zu kommen, allerdings jetzt bewusster als in früher Zeit.

Während die Wurzel des Ego das Gefühl der Getrenntheit ist, ist die Wurzel eines starken Bloßen Ich das Gefühl der Geborgenheit. Wenn wir in früher Zeit wenig Geborgenheit erfahren haben, geht es darum, uns jetzt darum zu kümmern: mit der Entfaltung von Metta (vergleiche dazu Kapitel „Metta-Meditation“ in Teil III und Kapitel „Die Entfaltung von Herzensgüte“ in Teil IV) und dem Erleben von Geborgenheit in der Sangha, unter Freunden und im Leben.

Angst erkennen und sie sich eingestehen

Wie können wir der Angst den Nährboden entziehen? Gibt es ein Vorgehen in einfachen, praxistauglichen Schritten?

Um eine Wunde zu versorgen oder eine Krankheit zu heilen, muss ich im ersten Schritt erst einmal erkennen, dass eine Wunde entstanden ist oder eine Krankheit vorliegt. Solange der Patient/die Patientin entsprechende Symptome leugnet, nicht wahrhaben will oder verniedlicht, habe ich keine Chance, etwas Heilsames zu unternehmen.

Symptome der Angst sind Gefühle der Beklemmung, der Beengtheit, oft verbunden mit hochgradiger psychischer Anspannung und

---

[11] Vgl. John Welwood, S. 70.

zahlreichen vegetativen Symptomen, wie z. B. weiten Pupillen, Schwitzen, erhöhtem Muskeltonus, erhöhter Herzfrequenz und erhöhtem Blutdruck, flacher und schneller Atmung, Zittern, eventuell auch Übelkeit sowie Harn- und Stuhldrang.

Angst wirkt sich auch auf unsere Leistungsfähigkeit aus. „Kleine Anspannungen steigern die seelische und körperliche Leistungsfähigkeit, heftige Angst hingegen blockiert die geistige Konzentration, lähmt die Bewegungen und engt die Wahrnehmung ein.“[12] Im Erkennen und Eingestehen unserer Angst wechseln wir von passivem Getriebenwerden in einen aktiveren Modus. Wir sind wieder ein Stück klarer geworden und erleben damit verbunden einen Anflug von Autonomie. Umgekehrt, solange ich als Arzt keine klare Diagnose gefunden habe, werde ich auch keine hilfreiche Therapie ansetzen können. Auch meine Vorschläge für künftige Prophylaxe werden entsprechend undeutlich sein.

Angst annehmen

Erkennen und Eingestehen sind dem oft destruktiven passiven Bewusstsein direkt entgegengesetzt. Daher braucht es dazu oft einen ehrlichen Entschluss. Manche Menschen glauben, Weise hätten keine Angst und meinen, Angst zu erleben sei folglich nicht spirituell und ein Zeichen von Schwäche. Solange wir ein bestimmtes, idealisiertes Bild

[12] Brockhaus Psychologie, S. 39.

von uns aufrechterhalten wollen, werden wir uns schwer tun, uns selbst oder anderen gegenüber unsere Ängste einzugestehen.

Nach dem Erkennen und Eingestehen kommt im dritten Schritt das Annehmen der Angst. Vielleicht hören sich die hier dargestellten Schritte sehr komplex oder kompliziert an, in Wirklichkeit können wir sie jedoch in einem einzigen Bewusstseinsmoment gleichzeitig entfalten, nur zum besseren Verständnis stelle ich sie detailliert hintereinander dar. Im Annehmen der Angst weitet sich etwas in uns und wir öffnen die Tür zu tieferem Verständnis. Für alles gilt: Ohne Annehmen kein Verständnis und ohne Verständnis keine nachhaltige Veränderung.

> Was du nicht akzeptieren kannst, wirst du bekämpfen,
> und in diesem Widerstand liegen deine Fesseln.
> Was du akzeptierst, bewegt sich sanft durch dein Herz.
>
> Paul Ferrini

Solange du dich selbst nicht mit deinen unterschiedlichen Anteilen und Gemütszuständen akzeptieren kannst, wirst du dich selbst nicht verstehen, geschweige denn, dich in eine gewünschte Richtung verändern. Das Gleiche gilt natürlich auch für den Menschen dir gegenüber. Solange du ihn nicht so akzeptierst, wie er ist, wirst du ihn nicht verstehen und bestimmte Szenarien werden sich immer wiederholen. Spirituell ausgedrückt führt Annehmen zu Weisheit, genauer gesagt offenbart sich im Annehmen bereits eine Portion Weisheit.

Körperliche Entspannung

Körperliche Entspannung hilft uns, schwierige Anteile in uns anzunehmen. Sich verlangsamen oder innehalten, den Körper entspannen, kann so viel zum Guten verändern.

> Wer inne hält, erhält inneren Halt
> und bleibt sich selbst erhalten.
>
> Tao Te King

Wenn wir uns körperlich entspannen, können wir unser Innenleben annehmender sein lassen und im Außen andere eher an uns heranlassen – das, was ohnehin schon da ist, in einer offeneren Haltung sein lassen und annehmen. Umgekehrt blockiert uns Verspannung und übermäßige Anspannung nach innen und isoliert uns nach außen. Die Entspannung des Körpers erleichtert also das Annehmen im Geist. Im Annehmen einer inneren Erfahrung wenden wir uns dieser bewusst zu, geben ihr Raum, sind bewusst mit der Erfahrung, ohne vorschnell deuten oder verändern zu müssen. Umgekehrt:

> Wenn wir versuchen, unsere Probleme direkt zu beheben, stellen wir gewöhnlich eine Seite von uns gegen eine andere und das erzeugt inneren Druck und Stress, was unseren Raum nur weiter kontrahiert.
>
> John Welwood

In der körperlichen Entspannung erlösen wir uns ein Stückchen aus der Enge der Angst zugunsten eines Erlebens von mehr Lebendigkeit. Wir lassen die Erstarrung hinter uns und finden wieder zur flüssigen Form des Lebens und damit wiederum öffnen sich Kanäle zu inneren Ressourcen.

Dableiben, wenn Angst aufkommt

Erinnere dich bitte einmal an eine für dich bedrückende und bedrängende Situation. Und was geschah, wenn dir dann jemand annehmende, einfühlsame Aufmerksamkeit schenkte, wenn jemand dablieb und dich aushielt. Du wurdest lebendiger, belebter, etwas beruhigte sich gleichzeitig in dir. Vielleicht hast du das noch nie erlebt, dann stell dir vor, wie sich das anfühlen würde.

Solange wir im Widerstand oder in einer Verleugnungshaltung verharren, erleben wir das Leben nicht als freundlich, sondern feindlich. Wenn wir das Leben als feindlich erleben, nähren wir die Wurzeln unserer Angst.

Mavy Gravy ist ein Clown und Freund des amerikanischen Meditationslehrers Ram Dass. Er geht zu den Kindern ins Krankenhaus mit seinem Clownskostüm, zu Kindern, die unheilbar krank sind oder im Sterben liegen. Ram Dass zitiert Mavy Gravy: „Was soll man denn machen, wenn kleine Kinder verbrannte Haut oder eine Glatze haben? Man muss es eben aushalten. Wenn Kinder solche Schmerzen leiden, solche Angst haben und sehr wahrscheinlich sterben werden, bricht das jedem das Herz, aber man muss es eben aushalten und sehen, was dann passiert. Schauen, was man als Nächstes machen muss. Mir kam die Idee, Popcorn mitzunehmen. Wenn nun ein Kind zu weinen anfängt, dann fange ich die Tränen mit dem Popcorn auf und stecke es dann in meinen Mund oder in seinen. Wir hocken beieinander und essen unsere Tränen auf."

Angst entpersönlichen

Im Annehmen erleben wir uns tiefer und damit auch die Situation und die damit verbundene Unsicherheit und Angst bewusster. Wir „tauchen" ganz allmählich in eine tiefere Dimension „unter" die Emotionen. Jeder auch noch so kleine Schritt in diese Richtung ist verbunden mit Erleichterung. Wir erlösen uns langsam aus dem passiven Gefühl der Hilflosigkeit und des Ausgeliefertseins. Immer gilt: Das Unbewusste verliert an Macht, sobald es bewusst wird. In den ersten Schritten stellen wir uns der Angst, wir erkennen, benennen sie und gestehen sie uns ein. Indem wir sie akzeptieren, entziehen wir ihr weitere Nahrung, die uns weiter in die Ich-Besetzung führen würde. Aus „meiner" Angst wird „Angst", „menschliche Angst", ein ganz „menschliches Sich-Ängstigen". Durch das Entpersönlichen der Gefühle verlieren sie an Größe und Macht, uns zu besetzen. Wir beginnen, uns aus der Umklammerung zu lösen.

Beobachte nur, gestehe dir ein, vor allem aber kämpfe nicht gegen deine Angst an, du würdest sie dadurch eher verstärken. Durch Ablehnung und Kampf gegen die Angst führst du ihr eher Energie zu. Anstatt deine Angst zu kontrollieren, besetzt und kontrolliert sie dich.

Solange du deine Angst als Angst erkennst, sie beobachtest und annimmst, zunächst ohne etwas mit ihr zu machen, nährst du sie nicht. Alles, was nicht genährt wird, muss verhungern. Im Fall der Angst bedeutet dies, dass sie sich nicht ausbreiten, sondern eher schwächer werden wird, allein schon durch diese ersten Schritte. Die Fähigkeit, zu beobachten und anzunehmen, erlernst du auf den Wegen buddhistischer Achtsamkeitsmeditationen. Natürlich braucht es dann einen bewussten Entschluss, eine Entscheidung, entsprechende Übungen zu erlernen und regelmäßig zu praktizieren. Eine wichtige Funktion von Achtsamkeit ist, „nicht überwältigt" zu sein. Letztlich jedoch erwirbst du mittels Achtsamkeitspraxis die Befähigung, dich in den verschiedenen Anteilen und Ebenen deiner Persönlichkeit tiefer zu verstehen.

„Ohne Erkenntnis wirst du von Wünschen und Ängsten verzehrt, die sich bedeutungslos in endlosem Leiden wiederholen. Die meisten Menschen wissen nicht, dass das Leiden ein Ende haben kann. Du weißt, dass du frei sein kannst, und jetzt ist es an dir. Entweder bleibst du für immer hungrig und durstig, immer verlierend und trauernd, oder gehst von ganzem Herzen hinaus auf der Suche nach dem Zustand zeitloser Perfektion, dem nichts hinzugefügt werden kann, dem nichts entnommen werden kann", erklärt der indische Weise Nisargadatta Maharaj.

Vertrauen und Verbundenheit erleben mithilfe der Bewusstseinsarten

Um Angst oder deren Gegenteil, Vertrauen und Liebe, erfahren zu können, brauchen wir Bewusstsein. Bewusstsein ist das Werkzeug, mit dem wir unsere Gefühle erleben, unsere gesamte Realität erfahren. Ohne Bewusstsein gibt es keine Angst. Bewusstsein können wir nicht direkt erkennen und darauf zeigen, denn es ist ja kein Etwas, es hat keine Substanz oder Form. Doch wir können verschiedene Ebenen oder Arten des Bewusstseins kennenlernen, ihre Natur und Wirkungsweise erkennen. Erste spirituelle Entwicklungsschritte haben damit zu tun, verschiedene Bewusstseinsarten zu erfahren und sie zu nutzen, um unsere Wahrnehmung, unsere Realitätserfahrung zu weiten, zu vertiefen und zu verändern. Es gilt ein Gewahrsein zu entwickeln: Welche Bewusstseinsart nutze ich gerade vorrangig und welche Erfahrung mache ich aufgrund dessen? Dann gilt es im nächsten Schritt Fähigkeiten zu entwickeln, das Werkzeug, die Bewusstseinsart zu wechseln oder neu zu kombinieren. Alle Bewusstseinsarten haben eine gemeinsame Wurzel, anders ausgedrückt, alle Bewusstseinsarten entfalten sich aus einem Basisbewusstsein, dem Speicherbewusstsein, *Alaya Vijnana* genannt. Alaya bedeutet im Sanskrit „Bleibe“[13] und Vijnana bedeutet „Bewusstsein“. Aus dem Speicher- oder Grundlagenbewusstsein entwickeln sich die fünf Sinnesbewusstseinsarten Sehen, Hören, Riechen, Schmecken, Körperfühlbewusstsein sowie als sechstes das sehr komplexe

[13] Himalaya bedeutet „Bleibe des Schnees".

Geistbewusstsein. Gedanken, Bilder und Gefühle sind z. B. drei Aspekte des Geistbewusstseins. Die siebte Bewusstseinsart, das „verschleierte Bewusstsein“ bzw. Klesha-Bewusstsein bedeutet unsere Neigung, alles auf uns zu beziehen und dann in der Folge Gefühle wie Angst, Eifersucht oder Wut zu bilden.

Das Alaya-Bewusstsein enthält sowohl einen universellen als auch einen individuellen Teil. In seinem individuellen Teil ist es mit einer riesigen Festplatte vergleichbar, in der all unser Erleben und Reagieren einen Abdruck findet. Der universelle Teil vom Alaya Vijnana stellt unser ganzes, unermessliches Potential dar. Manche buddhistischen Schulen bezeichnen diesen Teil des Grundlagenbewusstseins auch als Buddha-Bewusstsein oder Rigpa.

Je nachdem, welche Art von Bewusstsein wir vorrangig nutzen, welche Bewusstseinsarten wir dominieren lassen, werden wir Realität erfahren. Dominiert das Verstandesbewusstsein, erleben wir die Welt aus der trennenden Sicht des „Ich und die anderen“ bzw. „Ich gegen die anderen“. Dominieren hingegen die fühlenden Sinnesbewusstseinsarten, erleben wir die Welt mehr aus einer verbindenden Perspektive, einem Wir-Bewusstsein, das auf Gemeinsames ausgerichtet ist. Verstandesbewusstsein ist auf Effektivität ausgerichtet, fühlende Sinnesbewusstseinsarten sind auf Fülle ausgerichtet.

In unserer Arztpraxis habe ich großen Wert auf ein Erleben von Verbundenheit mit meinen Mitarbeiterinnen gelegt, auf einen guten „Teamgeist“. Demzufolge habe ich mich immer wieder um gemeinsame Unternehmungen bemüht, in denen die Sinnesbewusstseinsarten dominierten, also gemeinsame Ausflüge, gemeinsames Essen, Konzert-

und Theaterbesuche usw. Der tibetische Meister Tarab Tulku[14] und seine Schülerin Lene Handberg betonen die Wichtigkeit, ein Verständnis von der Verbindung von Bewusstseinsart und Realitätserfahrung zu entwickeln. Zudem gilt es, Fähigkeiten zu schulen, die Bewusstseinsarten neu zu kombinieren und damit unsere Realitätserfahrung zu verändern. Ein Grundverständnis dieser Zusammenhänge wird uns helfen, mit unserer Angst anders umzugehen, sie aufzulösen oder gar nicht erst anwachsen zu lassen. Mein eigenes spirituelles Verständnis wurde durch die Belehrungen von Tarab Tulku und Lene Handberg auf ein viel umfassenderes und lebenstauglicheres Fundament gestellt.

Die Sinnesbewusstseinsarten Sehen, Hören, Riechen, Schmecken stellen eine Brücke nach außen dar, sie verbinden uns mit der Außenwelt. Die fünfte der Sinnesbewusstseinsarten, das Körperfühlbewusstsein, verbindet uns auch nach außen, aber ebenso nach innen. Alle fünf Sinnenbewusstseinsarten nehmen direkt wahr, d. h. ohne unterscheidendes Werten.

Jeder optische Eindruck, jeder Klang erzeugt ein Gefühl auf einer basalen Ebene. Fühlen schafft immer Verbindung oder umgekehrt formuliert, Erleben von Verbundenheit basiert immer auf Fuhlen. Angst in den verschiedensten Varianten jedoch hat immer zu tun mit dem Erleben von Trennung. Hieraus ergibt sich eine sehr wichtige Einsicht. Immer dann, wenn Angst sich anbahnt oder dich bereits besetzt hat, wechsele deine dominierende Bewusstseinsart zugunsten der Sinnesbewusstseinsarten. Ein Bekannter von mir wurde von Angst

[14] Dr. phil. Tarab Tulku (1934 – 2004) war ein tibetischer Lama.

besetzt, die sich in eine Panik zu steigern drohte. Aus einer Telefonzelle rief er einen Freund an. Dieser wies ihn an, ihm die Telefonzelle in allen Einzelheiten genau zu beschreiben (Sehbewusstsein), auch zu beschreiben, was er riecht (Riechbewusstsein) und wie sich der Boden anfühlt (Körperfühlbewusstsein). Auf diese Weise konnte die Angst gebremst und die drohende Panik abgewendet werden. In Teil III wirst du eine Übung finden, die genau in diese Richtung zielt. Direktes Fühlen ohne kommentierende Gedanken vermittelt ein Erleben von Fülle, ein bewussteres Wahrnehmen von Verbundenheit und Einheit, Qualitäten also, die der Angst direkt entgegengesetzt sind. Erinnere dich bitte einmal an einen Moment von Geborgenheit und Erfüllung und vergegenwärtige dir, mit welchen Bewusstseinsarten dieser Moment zu tun hatte. Hatte solch ein Moment vielleicht mit Naturerleben zu tun, erlebtest du ihn in einem Konzert, im Arm eines geliebten Menschen, mit einem Baby in deinen Armen, also vorrangig mit den Sinnesbewusstseinsarten oder erlebtest du etwa Erfüllung und Glück nach einem besonders intelligenten Gedanken, nach dem Abschluss deiner Steuererklärung oder beim Studium der Gebrauchsanleitung des neues Staubsaugers (Geistbewusstsein)?

Über die Sinnesbewusstseinsarten erleben wir Verbundenheit mit dem Außen, über das Körperfühlbewusstsein – Druck, Temperatur, Hunger usw. auf der oberflächlichen Ebene, subtilere Vibrationen auf feineren Ebenen, Energieerfahrungen auf tiefsten Ebenen – erleben wir Verbundenheit mit dem Inneren und Nähe zu uns selbst. Andererseits: Je mehr wir zulassen, dass das Verstandesbewusstsein dominiert, wir also vornehmlich im abstrakten Denken sind, umso weniger sind wir in

Kontakt mit uns selbst. Nicht in fühlender Verbindung zu sich selbst zu sein, bietet die Basis für Angst. Manche treiben Sport, um ins Spüren der Sinnesbewusstseinsarten zu kommen, andere nutzen Wellness-Angebote oder hören Musik, im Alltag oft mittels der modernen Smartphones. Von besonderer Bedeutung ist jedoch das fünfte Bewusstsein: das Körperfühlbewusstsein. Je deutlicher wir uns in feinere körperliche Ebenen einfühlen können, umso weniger werden wir uns mit der gewöhnlichen Wahrnehmung unseres grobstofflichen Körpers und damit auch unserem Denken identifizieren.

Viele Ängste basieren auf der Identifikation mit dem Schicksal des grobstofflichen Körpers, mit seiner Krankheitsanfälligkeit, seinen Alterungsvorgängen und seiner Sterblichkeit sowie mit entsprechenden Gedanken über diese Vorgänge. Jede Praxis, die uns ein wenig aus der Dominanz des Verstandesbewusstseins erlöst und uns zum Erleben größerer Nähe zu uns selbst verhilft, reduziert die Angst in unserem Leben.

Viele Meditationstechniken haben gemeinsam, dass sie die Übenden in das Erleben größerer Verbundenheit zu sich selbst führen (siehe z. B. „Erste-Hilfe-Kasten bei Angst“ in Teil III).

Ist Realität absolut?

Eine der Kernfragen, die sich Buddha Shakyamuni stellte, war: Ist Realität absolut oder hängt sie von der Bewusstseinsart ab, mit der wir sie wahrnehmen? Jede Wahrnehmung von uns und unserer Umwelt geschieht wie oben beschrieben zu einem Teil auf Grundlage der Bewusstseinsart. Tarab Tulku weist darauf hin, dass unsere normalen Lebenserfahrungen von Glück und Leid auf unserer konzeptualisierenden Wahrnehmung basieren, die sich wiederum auf unsere Sinneswahrnehmung stützt.[15] Das konzeptualisierende Bewusstsein kann dabei nie das Ganze wahrnehmen, da es die Realität abstrahiert und selektiert und damit nur Teile des Ganzen erfassen kann. Diese Teile werden dann auf der Basis vorhergehender Erfahrungen und Prägungen individuell interpretiert und bewertet.

Ein anderer wesentlicher Aspekt, der die Art unserer Wahrnehmung bestimmt, ist unsere Selbstempfindung, die unsere emotionale Gestimmtheit ausmacht und damit wesentlich unsere momentane Sicht auf die Welt beeinflusst. Beides, sowohl die Bewusstseinsart als auch unsere momentane Selbstempfindung, sind entscheidende Faktoren, auf deren Basis wir Realität aufbauen und wahrnehmen.

Tarab Tulku führt bezüglich unserer Realitätserfahrung die Analogie Candrakirtis an, einem der bedeutendsten Philosophen der Madhyamaka-Schule[16]: „Wird ein Kristall (Subjekt, Geist) auf ein gelbes Tuch (Objekt) gelegt, nimmt der Kristall eine andere Farbe an. Das heißt, der gelb gefärbte Kristall – die Erscheinung des Objekts im Bewusstsein – entsteht einzig im Zusammentreffen von gelbem Untergrund (Objekt) und dem Kristall (Subjekt). Weder bringt der Kristall die Farbe hervor noch die Farbe den Kristall. Mit anderen Worten: Man kann nicht sagen, es gäbe

[15] Vgl. Tarab Tulku, *Einheit in der Vielheit*, S. 73.

[16] Die Madhyamaka-Schule ist eine der großen Schulen des Mahayana-Buddhismus. Gegründet wurde sie von dem inidischen Philosophen Nagarjuna, der im 2. Jahrhundert n. Chr. lebte.

eine äußere Erscheinung des Objekts unabhängig von derjenigen, die im Bewusstsein (Subjekt) erscheint, aber man kann genauso wenig sagen, die äußere Erscheinung des Objekts sei dieselbe wie diejenige im Bewusstsein (Subjekt). Candrakirti zufolge sind damit das Subjekt und das Objekt in einer gegebenen Situation in dem Maße miteinander verbunden, dass es ohne Subjekt kein Erscheinen eines Objekts gäbe und ohne Objekt keinerlei Erscheinen des Objekts im Bewusstsein (Subjekt). Aus diesem Text lässt sich daher ersehen, dass selbst in der Madhyamaka-Schule das Subjekt und das Objekt als nicht voneinander getrennt betrachtet werden.“[17] Angst erleben hat immer mit Dominanz des Geistbewusstseins zu tun, dementsprechend sind die später beschriebenen Übungen bei Angst darauf ausgerichtet, die Fähigkeiten der Sinnesbewusstseinsarten für uns nutzbringend anzuwenden.

Verletzliche Selbstempfindungen heilen

Wir konnten bisher vielleicht ein Anfangsverständnis entwickeln, wie wir die Möglichkeiten der Bewusstseinsarten nutzen können, um Angst in unserem Leben zu reduzieren. Jeder Schritt aus der Dominanz des Verstandesbewusstseins heraus und eine gleichzeitige Aktivierung des Körperbewusstseins bringt uns in größere Nähe zu uns selbst und bewirkt damit die Reduzierung unserer Angst.

[17] Ebd. S. 82.

Nun machen wir jede Wahrnehmung von uns und unserer Umwelt ja nicht nur auf der Basis der Bewusstseinsart, sondern auch unserer Selbstempfindung. Beides trägt entscheidend dazu bei, wie wir Realität aufbauen und wahrnehmen. Was genau verstehen wir unter einer Selbstempfindung? Unsere Selbstempfindung – Tarab Tulku nannte sie Selbstreferenz – ist auch die Basis für unsere Wahrnehmung, unsere Interpretationen und unser Verhalten in der Welt. Selbstempfindung hat wenig zu tun mit Selbstidentität. Letztere bezieht sich auf unsere Rollen in der Welt und damit verbundene Selbstkonzepte. Wenn ich sage: „Ich bin Arzt", dann drücke ich damit eine bestimmte Identität aus, sage aber nichts über meine momentane Gestimmtheit, mein Selbstgefühl. Das Selbstgefühl, die Selbstempfindung, ist keine Emotion im üblichen Sinne, sie ist eher eine Gestimmtheit, eine innere Verfassung. Sie ist oft nicht leicht zu beschreiben, andere können sie manchmal eher erkennen als wir selbst. Tarab Tulku und Lene Handberg haben in ihren „Unity in Duality"-Kursen[18] verschiedene Ebenen von Selbstgefühl beschrieben, die in den verschiedenen Lebensaltern ausgebildet werden und sich mit ihnen verändern.

Ein grundlegendes Selbstgefühl ist in der Tiefe jedes Wesens zu finden; jeder Mensch, jedes Tier hat es. Dieses Selbstgefühl ist verbunden mit einer natürlichen Selbstfürsorge. Auf der Basis dieser Fürsorge kümmern wir uns zunächst um uns selbst, um uns dann in der Folge gut um andere kümmern zu können. Darin liegt nichts Egoistisches, sondern etwas Weises. Wenn wir ins Flugzeug steigen und die

---

[18] „Unity in Duality" ist ein Ausdruck für die Einsicht, dass alles mit allem in vielerlei Hinsicht verbunden ist.

Sicherheitshinweise hören, werden wir nicht ohne Grund belehrt, dass wir uns im Falle eines Druckabfalls in der Kabine zunächst selbst die Sauerstoffmasken aufsetzen sollen und erst dann mitreisenden Kindern neben uns. Im umgekehrten Fall wären wir nämlich bald nicht mehr in der Lage, das Kind neben uns zu versorgen, und wir beide kämen in große Gefahr.

Jedes Leben kann für sich selbst sorgen, um von dort aus seinen Beitrag in der Welt zu leisten. Wir brauchen dieses basale Selbstempfinden, diese grundlegende Selbstfürsorge, um uns spirituell entwickeln zu können und im täglichen Leben ohne blockierende Unsicherheit und Angst zu bestehen.

Nun haben sich im Laufe unseres Lebens über diese basalen Selbstempfindungen Schichten von weiteren verletzlichen, aber auch heilsamen Selbstempfindungen gelegt. Ein Beispiel: Eine Patientin kommt in mein Sprechzimmer. Es ist ihr erster Besuch in unserer Arztpraxis. Mein Sprechzimmer gleicht ein wenig einem buddhistischen Tempel. An den Wänden hängen tibetische Thangkas, auf meinem Schreibtisch stehen Statuen. Die junge Frau tritt mit freundlichem Gesicht ein. Wir beginnen, uns zu unterhalten. Sie wird dabei immer ernster, unfreundlicher, fast wütend und provokant. Nach der Untersuchung ist die Verabschiedung frostig. Am gleichen Tag ruft mich die Psychotherapeutin der gemeinsamen Patientin an und bedankt sich. Sie berichtet: „Seit längerer Zeit kommen wir in der Therapie nicht weiter, doch jetzt, so scheint es, haben wir den Schlüssel gefunden.“ Sie erzählt, dass sich in der Kindheit unserer Patientin deren Eltern getrennt hätten. Die Mutter habe einen neuen Partner kennengelernt, der vorgegeben habe, Buddhist zu sein. Dieser Mann habe das Kind mehrfach sexuell missbraucht. Mit diesem schmerzlich-traumatischen Erleben verband sie buddhistische Symbole, gleichzeitig hatte sie die Erlebnisse vollkommen verdrängt. In ihrem Leben hatte sie später alles vermieden, was irgendwie mit Buddhismus zu tun hat. Jetzt war sie unvorbereitet in meinen Raum gekommen. Wer vermutet schon im Sprechzimmer eines Arztes Symbole wie in einem buddhistischen Tempel? Verletzliche Selbstempfindungen, das alte Trauma, wurden aktiviert mit der dazugehörigen Angst und dem Schmerz. Diese wurden ummantelt mit Wut. Wenn verletzliche Anteile dominieren, werden wir unbewusster und verhalten uns eventuell für unsere Umwelt befremdlich. Wie mir meine Patientin viel später berichtete, verstand sie ihre Reaktion damals selbst nicht. Sie empfand sich selbst von unbewussten Impulsen gesteuert. Indem die Verletzlichkeit bewusst und offenkundig wurde, bestand die Chance, sie zu heilen.

Wir könnten aus dem bisher Gesagten schließen, dass wir für unser ganzes Leben unwiederbringlich geprägt sind, wenn wir früher ungünstige Bedingungen hatten und dadurch viele verletzliche Eindrücke im Alaya-Bewusstsein entstanden sind. Doch diese Sicht von Determinierung in früher Zeit vergisst, dass alles, was in Erscheinung tritt, nur aufgrund primärer und sekundärer Ursachen möglich ist. Ein Apfelbaum braucht als primäre Ursache einen Apfelsamen. Damit daraus aber auch ein Apfelbaum wird, braucht es als sekundäre Bedingungen wie Erde, Sonne, Regen, Wasser und Nährstoffe aus dem Boden. Kommen nicht alle Bedingungen, primäre und sekundäre, zusammen, wird kein gesunder, kräftiger Apfelbaum heranwachsen.

Und genauso verhält es sich mit den positiven und negativen Eindrücken im Alaya-Bewusstsein. Damit aus verletzlichen, angsterregenden Samen später tatsächlich manifeste, das heißt bewusst erlebte Unsicherheiten oder Ängste entstehen, bedarf es vieler weiterer sekundärer Bedingungen. Hier genau liegt ein entscheidender Ansatzpunkt für den Umgang mit unserem Angstpotential. Die sekundären Bedingungen können wir verändern, sodass Ängste sich nicht manifestieren werden. Wir können darüber hinaus selbst die primären Bedingungen verändern, indem wir gegenläufige Eindrücke erzeugen. Alle Eindrücke im Alaya-Bewusstsein stehen nämlich ebenfalls in einer Wechselwirkung. Positive Samen haben eine schwächende Wirkung auf negative und können diese sogar auslöschen. Der Angst entgegengesetzt sind Eindrücke, die verbunden sind mit Liebe, Herzensgüte, Gebefreudigkeit, Dankbarkeit usw. Mit anderen Worten, jede Meditation der Herzensgüte, aber auch jede herzliche und gütige Geste, Handlung und Reaktion im Alltag, stärken diejenigen Samen im Speicherbewusstsein, die der Angst entgegengesetzt sind. Als einst Schüler in großer Angst zum Buddha kamen, lehrte er die Lehrrede von der Herzensgüte und darin den Zugang zu bedingungsloser Liebe und Güte (vergleiche hierzu Teil IV).

Viele unserer spirituellen Übungen sind darauf ausgerichtet, einerseits unsere verletzlichen Selbstempfindungen zu heilen und andererseits neue, positive Eindrücke zu erzeugen bzw. bereits vorhandene unterstützende Eindrücke zu nähren. Auf diese Weise wollen wir Selbstvertrauen stärken und der Angst den Boden entziehen. Je frühzeitiger wir unseres jeweiligen Gemütszustandes gewahr werden, umso schneller und nachhaltiger können wir etwas verändern. Wenn wir die Fließrichtung eines Flusses verändern möchten, müssen wir an der Quelle ansetzen, nur dann haben wir eine Chance. Je mächtiger der Fluss wird, je stärker ein Gemütszustand ausgeprägt ist, umso schwerer wird eine Veränderung. Solange wir in einer verletzlichen Empfindung von Selbstzweifel, Sorgen, Unsicherheit oder Ähnlichem „festhängen", erleben wir unsere Umwelt schnell als beängstigend, übermächtig und einschüchternd. Aktivierte verletzliche Selbstempfindungen lassen uns unbewusster werden, und zwar umso schneller, je weniger uns diese Zusammenhänge bekannt sind. Wir fühlen uns unsicher und erzeugen Gedanken und Vorstellungen, die uns weiter in die Angst treiben. Wir können ein Gewahrsein dafür entwickeln, wann verletzliche Selbstempfindungen aktiviert werden. Vor allem Emotionen wie Wut, Angst, Eifersucht oder Ärger können als Anzeichen für aktivierte verletzliche Selbstempfindungen dienen. Nun gilt es, möglichst schnell in das fühlende Bewusstsein zu wechseln, d. h. zum Beispiel bewusst den Atem zu spüren oder sich in bestimmte Bereiche des Körpers („Wohlfühlort" oder Chakren) einzufühlen, um dem Sog ins Trübe, Verwirrende und Beengende der Angst zu widerstehen. So kann es uns gelingen, nicht von der Angst vereinnahmt zu werden und aus diesen verletzlichen Selbstempfindungen zu handeln.

Tarab Tulku und Lene Handberg weisen darauf hin, dass es nicht darum geht, verletzliche Selbstempfindungen, eine unsichere, ängstliche Gestimmtheit auszuschalten, sondern mit den Möglichkeiten unserer spirituellen Praxis in eine grundlegende, selbstschützende

Selbstempfindung zu kommen.[19] Dazu ist immer wieder das Erkennen und Eingestehen unseres gegenwärtigen Zustands notwendig, z. B. von Unsicherheit und Angst. Indem wir uns bewusst unseren aktivierten verletzlichen Selbstempfindungen stellen, verhindern wir, dass sie uns besetzen und in der Folge zu unbewussten Gedanken und Handlungen treiben. Wenn wir uns jedoch mit solchen Zuständen und den damit verbundenen Gedanken und Bildern identifizieren, baut sich eine Realität auf, für die wir dann Argumente suchen. Wenn wir also das nächste Mal in einer Selbsterfahrung von Unsicherheit und Angst sind, könnten wir im ersten Schritt erspüren, welchen Niederschlag dieser mentale Zustand im Körper hat. Auf diese Weise wirken wir der Tendenz entgegen, uns zu identifizieren und in der Folge vereinnahmen zu lassen. Im nächsten Schritt – wir bleiben in der Zugewandtheit zum Körper – fühlen wir uns bewusst in unseren körperlichen „Wohlfühlort" ein (vergleiche Kapitel „Wohlfühlort-Praxis" in Teil III). Der schnellste Weg, uns aus einer verletzlichen Selbstempfindung von Angst in den verschiedenen Formen und Ausprägungen zu befreien, ist, in die direkte Sinneserfahrung im körperlichen Wohlfühlort zu kommen. Tarab Tulku und Lene Handberg weisen wiederholt darauf hin, wie wichtig es ist, in ruhigen Zeiten im Rahmen unserer Meditationspraxis in eine gefühlte Verbindung beispielsweise zu unseren Händen und/oder Füßen zu kommen. Dadurch wird die Gefahr gemindert, dass wir in beängstigenden Situationen dem Konzeptbewusstsein „das Ruder überlassen". Wir interpretieren dann schnell auf eine bestimmte Weise und heizen unsere Angst weiter an.

[19] Siehe die Ausbildungsmodule des Tarab-Institutes, im Internet auf http://tarab-institut.de/.

Dies kommt in einer Kindergeschichte sehr schön zum Ausdruck: Klein-Hühnchen sitzt unter einem Baum, als ihm eine Frucht auf den Kopf fällt. Klein-Hühnchen denkt (= interpretiert) sofort, dass der Himmel herunterfällt und gerät in große Angst, mit der es andere Tiere ansteckt, sodass schließlich alle in Panik davonlaufen.

Wenn Angst uns besetzt hat, atmen wir oft schnell und flach und spüren kaum noch, was im Körper geschieht oder erleben nur noch die zunehmende Enge im Brustraum. Es braucht dann von uns selbst den bewussten Entschluss, die Möglichkeiten des Körperfühlbewusstseins zu nutzen, das heißt, uns in den körperlichen Wohlfühlort oder einen unbefangenen Bereich des Körpers, z. B. die Hände oder Füße, einzufühlen, uns zu verankern und auf diese Weise in größere Nähe zu uns selbst zu kommen. Aus der Nähe zu uns selbst öffnen sich Kanäle zu inneren Ressourcen und wir bekommen Unterstützung aus uns selbst. Allein kleine Schritte in diese Richtung haben eine wohltuende, angstmildernde Wirkung. Natürlich können wir auch die anderen vier Sinnesbewusstseinsarten nutzen, z. B. wie vorhin in der Telefonzellen-Geschichte oder auch so ähnlich, wie wir das als Kinder getan haben. Wenn wir als Kinder eine verletzliche Selbstempfindung von Unsicherheit und Angst erlebt haben, suchten wir vielleicht den Kontakt zu einem Haustier oder Freunden, verkrochen uns mit unserem Schmusebär oder kreierten eine angstfreie Vision von einem Schutzengel.

Wir können unsere verletzliche Selbstempfindung und die damit oft verbundene Unsicherheit und Angst also in jedem Moment verändern. Doch es braucht einen bewussten Entschluss, diese Chance zu ergreifen. Aus wachsender Bewusstheit und Nähe zu uns selbst öffnet sich die Tür zur spirituellen Dimension. Wir müssen uns nicht mehr so sehr abgrenzen und kommen in eine größere Offenheit für uns und andere. Das schafft die Basis für Fürsorge und Mitgefühl für uns und andere Menschen.

Vertiefte Einsicht finden über die Körpereinfühlung

Der Buddha empfahl sinngemäß, den Körper nicht als Mittel zum Glück, sondern als Mittel zur Entfaltung von tiefgründigem Verständnis zu nutzen, was uns in der Folge Zufriedenheit, Freude und Erfüllung erfahren lässt. Ein nachhaltiges Mittel gegen die Angst ist die Vertiefung der Einsicht. Um die Angst vor dem Verlust der Sinnesbefriedigung und dem Verlust des Körpers aufzulösen, brauchen wir ein entschiedenes Interesse für den Körper mit der Absicht, ihn zu verstehen, nicht mit der Absicht, alte Selbstkonzepte zu bestätigen. In seinen Erklärungen zur Achtsamkeit setzte der Buddha den Körper als Übungsfeld an erste Stelle und gab dazu zahlreiche Anleitungen. In unserer Achtsamkeitspraxis lernen wir zunächst den physischen Körper in seinen verschiedenen Positionen und Bewegungen näher kennen. Dazu sind Yogaübungen genauso hilfreich wie die verschiedenen Arten der Gehmeditation. Um sich subtiler in den Körper einzufühlen, sollte der grobstoffliche Körper jedoch besser still sitzen. Wir erspüren dann die inneren Strukturen des Körpers in der Körperteile-Meditation oder der Elemente-Kontemplation. Schließlich fühlen wir uns immer tiefer ein und spüren die Lebendigkeit, das Leben im Körper bis zur Erfahrung des Körpers als ein Energiefeld. Je subtiler wir den Körper wahrnehmen können, umso weniger identifizieren wir uns mit ihm. Jeder Schritt in Richtung subtilere Einfühlung lässt uns die Verbundenheit und Wechselbeziehung mit der Umwelt erkennen. Dies wiederum hilft, fixierte Konzepte des Körpers und in der Folge Identifikationen aufzulösen. Je tiefer wir uns in den Körper oder auch in die Chakren einfühlen, umso mehr Energieerfahrungen machen wir. In der Folge brauchen wir weniger, sind weniger abhängig vom Außen. Und auch dies führt zu einer Abnahme der Angst.

Eine Sangha-Freundin kam einmal in großer Angst zu mir. Sie litt an einer fortgeschrittenen Krebserkrankung und sagte: „Ich bin völlig verkrebst." Mein Hinweis, dass die Chakren keine Krebsmetastasen bekommen können, beruhigte und tröstete sie. Da gibt es etwas auf der feinkörperlichen Ebene, in das der Krebs nicht eindringen und nicht zerstören kann. Je stärker und feiner unsere Achtsamkeit für den Körper ist, umso mehr Nähe zu uns selbst erleben wir. Durch die Einfühlung in den Körper kann es uns gelingen, eine Lücke zwischen dem Berührtwerden durch bestimmte Sinneseindrücke und der Reaktion auf sie zu bemerken. Das ermöglicht uns die Wahl unserer Reaktion. Eine Wahl zu haben bringt uns in Kontakt mit unserer Kompetenz und mindert die Angst. Zudem verstärkt sich aus dem Erleben von größerer Nähe zu uns selbst unsere Intuition. Intuition lässt uns eine Ebene jenseits der Worte erspüren und ist hilfreich, um nicht immer wieder Schwierigkeiten mit anderen Menschen zu erzeugen und damit verletzliche Eindrücke im eigenen Alaya-Bewusstsein zu generieren.

Tiefe Einsicht in den Körper lässt uns also erkennen, dass es verschiedene Ebenen des Körpers gibt, vom gewöhnlichen grobstofflichen Körper bis hin zum subtilen Energiekörper. Alle diese Ebenen sind in ständiger Bewegung und agieren in wechselseitiger Verbundenheit. Indem die körperliche Form immer feiner und transparenter wahrgenommen wird, erleben wir eine innere Weite, die nicht zu trennen ist von Erleichterung und Freude. Solange wir glauben, nur auf der Ebene des grobstofflichen Körpers mit seinen Sinnesorganen Erfüllung finden zu können, werden wir durch die ständig wechselnden Bedingungen des Lebens von Wünschen und Ängsten getrieben sein.

Je mehr wir fühlend in Kontakt mit den feineren Körperebenen sind und je mehr sie unsere Basis bilden, umso mehr wächst ein Gefühl von Verwandtschaft und Verbundenheit mit anderen Menschen, Tieren, mit allen Kreaturen. Begegnungen mit anderen Menschen werden weniger anstrengend, da wir nicht dauernd unsere Identitäten darstellen und verteidigen müssen. Wenn wir aufgrund der subtileren Einfühlung in unseren Körper, z. B. im Bereich der Chakren, eine Nähe zu uns selbst halten können, spüren wir auch Nähe zu anderen. Einsamkeit und Isoliertheit haben oft die Unfähigkeit, mit sich selbst verbunden zu sein, zur Grundlage. Nähe zu sich selbst herzustellen ist mit dem gedanklichen Bewusstsein alleine nicht möglich. Dazu braucht es die Fähigkeit, im Körpersinn, das heißt in der Körpereinfühlung, zu bleiben.

Um wirkungsvoll mit unseren Ängsten zu praktizieren und ihnen den Nährboden zu entziehen, müssen wir der Tendenz widerstehen, uns selbst auf der äußeren Ebene der gewöhnlichen sinnlichen Erscheinungen (Gedanken, Gefühle, Bilder) zu verlieren. Diese Tendenz ist in uns allen sehr stark angelegt. Der Schritt zum Körpersinn, die Einfühlung in den Körper, ist essentiell, um dieser Tendenz nicht zu folgen. Wir können die

Achtsamkeit auf den Atem lenken und den Atem in seinen feinen Qualitäten erspüren, um uns dann in den Körper einzufühlen. Auf diese Weise kommen wir sozusagen immer wieder „nach Hause“ und erleben unsere eigene Zartheit. Es entsteht eine umfassendere Akzeptanz von uns selbst und in der Folge auch von den Umständen unseres Lebens. Wir spüren unsere eigene Lebendigkeit deutlicher, aber auch die Lebendigkeit unserer Umgebung. Je stärker und stabiler wir in uns selbst fühlend gegründet sind, umso weniger müssen wir die Grenzen nach außen mit den damit verbundenen Ängsten aufrechterhalten. Sie verschwinden einfach, weil sie nicht mehr notwendig sind. Umgekehrt: Wenn uns die Verbindung nach innen verlorengeht, werden wir uns wieder verschließen. Wir müssen dann unsere Grenzen verteidigen und unsere Persönlichkeit schützen. Hiermit verbunden werden wir Ängste erleben, die unsere Offenheit und Kraft blockieren. Solange wir jedoch über den Körpersinn uns selbst nahe sind, können wir eine Offenheit entwickeln, die wiederum die Basis für die Entfaltung von Metta (s. Teil III) bietet. Aus der Verbindung zu tieferen Körperebenen und indem wir in ihnen eine Grundlage haben, entwickeln wir umfassende Liebe. Um diese tieferen Ebenen tatsächlich auch zu erleben, braucht es die Befähigung, uns von der Fixierung auf Identifikationen mit dem gewöhnlichen grobstofflichen Körper zu lösen. Um auf einen Berg zu gehen, braucht es ja auch die Bereitschaft, sich vom Aufenthalt im Tal zu lösen. Hilfreich, um Identifikationen aufzulösen, ist neben den klassischen Achtsamkeitsübungen des Buddha (Atembetrachtung, Gehmeditation, Elemente-Kontemplation, Körperteilebetrachtung, Leichenfeldkontemplation) die

Einsicht der *tendrel*[20], wie sie Tarab Tulku und viel früher Nagarjuna gelehrt haben.

Tarab Tulku und Lene Handberg weisen darauf hin, dass wir die Lebenszeit unseres Körpers auf verschiedene Weise betrachten können. Die gewöhnliche Sicht ist, dass der Körper einen Anfang hat, der mit der Zeugung beginnt, er dann im Laufe seines Lebens altert und mit dem Tod ein Ende findet. Betrachten wir unseren Körper aber genauer, so können wir erkennen, dass sich Entstehen – Sein – Vergehen fortwährend in ihm ereignen. Während wir über diese Dinge nachsinnen, ist im Körper gerade eine große Zahl von Zellen vergangen und andere sind gebildet worden. Entstehen und Vergehen findet also gleichzeitig in jedem Moment statt. Wechseln wir jetzt noch einmal die Perspektive und analysieren den Körper noch genauer, so kommen wir von der Ebene der Zellen, die die Organe bilden, zu jener der Moleküle, die die Zellen bilden, und gelangen letztendlich zur Ebene der Energie. Energie kann nicht verschwinden, sie ist nicht endlich, sie kann sich nur in andere Energie wandeln. Je nach Perspektive erleben wir unseren Körper also als endlich – ein Leichnam ist kein lebender Körper mehr – oder auf der Energieebene als unendlich. Endlichkeit und Unendlichkeit des Körpers bestehen gleichzeitig, sozusagen nebeneinander. Das ist einerseits logisch und wird von den Wissenschaften bestätigt, andererseits ist der Verstand überfordert, beides gleichzeitig zu denken. Indem wir das durchschauen, lösen wir ein wenig die Identifikation mit unserer gewöhnlichen Sicht auf Geburt und Tod. Im Weiteren beschreibt Tarab Tulku, wobei er sich auf Nagarjuna

[20] Tendrel bedeutet „wechselseitige Natur".

bezieht, die Vernetztheitsnatur des Körpers. Unser Körper ist abhängig von Ursachen und dem harmonischen Zusammenwirken seiner Teile. Hinsichtlich der Ursachen unterscheiden wir als primäre Ursache das Zusammenkommen von Ei- und Samenzelle und eine Vielzahl von sekundären Ursachen wie Nahrung, Wärme, Sauerstoff. Alle Ursachen und Bedingungen müssen auf eine harmonische Weise miteinander in Verbindung kommen, damit unser Körper wachsen und gesund bleiben kann.

Schließlich wird, um eine wahrheitsgemäße Sicht auf den Körper einzunehmen, die Raumnatur des Körpers beschrieben. Unser Körper hat eine bestimmte Form, ein bestimmtes Gewicht und nimmt im Raum eine bestimmte Ausdehnung, einen bestimmten Platz ein. Er ist im Raum lokalisiert. Genau an der Stelle, an der sich der Körper befindet, kann sich nicht gleichzeitig ein anderer Körper befinden. Auf dem Stuhl, auf dem ich sitze, kann nicht gleichzeitig ein anderer Mensch sitzen. Dieser kann sich auf meinen Schoß setzen, aber damit säße er nicht wie ich auf dem Stuhl. Nun wechseln wir wieder die Perspektive hin zum Körper und betrachten ihn immer differenzierter, sozusagen unter dem Elektronenmikroskop, bis hinab zu seiner tiefsten Ebene, der Energieebene. Die Energieebene des Körpers ist nicht beschränkt auf die Ausdehnung des grobstofflichen Körpers. Das Energiefeld „Körper“ ist deutlich größer, ausgedehnter als der grobstoffliche Körper. Unser Körper besitzt gleichzeitig eine grobstoffliche, lokalisierbare Natur und eine viel feinere Energienatur, die nicht begrenzt ist. Unser Körper ist also gleichzeitig lokalisiert und unbegrenzt.

Eine weitere Sicht lässt erkennen: Unser Körper ist zusammengesetzt aus Teilen. Dabei ist jeder Teil wieder ein Ganzes. Die Teile des Körpers sind untereinander so verbunden, dass sie auf einer höheren Ebene wieder ein Ganzes sind. Es gibt kein Ganzes ohne Teile und jeder Teil gehört seinerseits zu einem Ganzen. Dabei ist das Ganze mehr als die Summe seiner Teile, es ist ihr Zusammenwirken. Den Wahrheitsgehalt dieser Aussagen brauchen wir nicht zu glauben, wir müssen ihn auch nicht von den Wissenschaften übernehmen, sondern können ihn in der eigenen tiefen Meditation erleben. Tarab Tulku fasst die Betrachtungen des Körpers mit den Worten zusammen:

Alles zusammen bist du,
endlich und unendlich,
hier und überall,
ein Einzelnes in einer Ganzheit
und die Ganzheit vieler Einzelteile,
gleichzeitig, in jedem Augenblick und immerfort.

In einem menschlichen Körper erleben wir zuweilen körperliche Schmerzen. Menschliches Leben ist ohne die Erfahrung von Schmerzen kaum denkbar. Unsere Mutter hatte Wehenschmerzen, als sie uns zur Welt brachte. Wir selbst hatten vermutlich schon in den ersten Wochen und Monaten Schmerzen in Form von Blähungen, Dreimonatskoliken oder später beim Zahnen. Krankheiten und Unfälle sind meist mit

Schmerzen verbunden und Abnutzungs- und Degenerationserscheinungen im Alter ebenfalls. Manche Schmerzen führen vielleicht zu bangen Fragen wie:

> Warum bekomme ich diese Schmerzen?
> Womit haben sie zu tun?
> Was kommt jetzt noch?
> Werde ich sie wieder los?
> Was mache ich, wenn sie noch stärker werden?

Mit vielen Schmerzen leichter Art kommst du vermutlich gut zurecht, doch manche bringen dich an deine Grenzen und lösen Angst in dir aus. Auf der körperlichen Ebene führen Schmerzen zu Verhärtungen und Verspannungen. Zusammenziehung und Verengung gibt es in der Folge auch auf der mentalen Ebene. Du spürst vielleicht eine Art Hilflosigkeit, etwas in dir, das „Nein" sagt. „Nein" ist die Sprache des Widerstandes und äußert sich im Allgemeinen als Gereiztheit, Angst, Ungeduld oder Niedergeschlagenheit. Du möchtest, dass dieser Zustand so schnell wie möglich aufhört und setzt eventuell Jammern und Klagen als oft untaugliche Mittel ein, um dies zu erreichen. Denn je mehr du in den Widerstand gehst, umso mehr wird sich deine Perspektive verengen. Du merkst es schon bei einem simplen Zahn- oder Rückenschmerz, er schiebt sich je nach Heftigkeit vollkommen in den Mittelpunkt deines Erlebens.

Ich saß vergnüglich bei dem Wein
Und schenkte eben wieder ein.
Auf einmal fuhr mir in die Zeh
Ein sonderbar pikantes Weh.

Ich schob mein Glas sogleich beiseit
Und hinkte in die Einsamkeit
Und wusste, was ich nicht gewusst:

Der Schmerz ist Herr und Sklavin ist die Lust.

Wilhelm Busch

Wenn der Schmerz zum Herrn wird, dich also besetzt, ist dies meist verbunden mit Gefühlen von Hilflosigkeit und Angst. Du jammerst und klagst, du stöhnst und bist gereizt, doch der Schmerz bleibt und deine Kraft versackt im Widerstand. Und je mehr du in Widerstand gehst, umso stärker wird der Schmerz und umso größer die Angst, ein Zeichen dafür, dass sich deine Strategie nicht als wirkungsvoll erweist.

Zur Akzeptanz, dem Annehmen des Schmerzes, sagt Nisargadatta Maharaj im Gespräch mit einem Besucher, der meint, Schmerz oder Leid sei unakzeptabel: „Wieso? Haben Sie es jemals versucht? Versuchen Sie es und Sie werden im Schmerz eine Erfüllung finden, wie sie Freude Ihnen niemals geben kann, denn die Akzeptanz von Schmerz führt Sie wesentlich tiefer, als Freude es je vermag. Das persönliche Selbst/Ego jagt entsprechend seiner Natur immer den Freuden hinterher und sucht das Leid zu vermeiden. Die Auflösung dieses Musters ist das Ende des persönlichen Ego. Und da das persönliche Ich dem wahren Glück im Wege steht, öffnet die Akzeptanz von Schmerz die Türen zum Glück."[21]

Schmerz trägt einen Ruf nach Selbstfürsorge und Selbstmitgefühl in sich. Mitgefühl trägt die Akzeptanz des Schmerzes in sich und auch die der Angst, während Selbstmitleid die Angst vor Schmerz noch verstärkt. Wer im Schmerzempfinden seine Gedanken und Emotionen unterdrückt oder verleugnet, wer sich mit Selbstbeschuldigungen und Kritik quält, zeigt wenig Selbstmitgefühl und nährt eher die Angst.

Praxis mit körperlichem Schmerz beginnt letztlich damit, Entschlossenheit zu entfalten, in der Erfahrung zu sein, ohne sofortige Erklärungen, Strategien, ohne sofortige Interpretationen und Pläne zur Hand haben zu müssen. Nicht sofort reagieren zu müssen ist erleichternd. Bewusst und ruhig in der Erfahrung bleiben zu können, nimmt dem Schmerz ein Stück seiner Macht.

> „Das ist meine allerschlimmste Erfahrung:
> Der Schmerz macht die meisten Menschen nicht groß, sondern klein."
>
> Christian Morgenstern

Solange wir in der Erfahrung bleiben können, kann uns Schmerz nicht klein machen, vielleicht demütig, aber nicht klein. Dabei ist es unterstützend zu wissen, dass es schulmedizinische Möglichkeiten der Beeinflussung des Schmerzes im Hintergrund gibt und wir immer auf sie

---

[21] Nisargadatta Maharaj: *Ich bin.*

zurückgreifen können. Es hat sich z. B. gezeigt, dass Menschen, die die Dosis ihrer Schmerzmedikamente selbst kontrollieren können (Schmerzpumpe), viel weniger Schmerzmittel brauchen. Der Schmerz wird oft durch Widerstand und Angst vor dem Schmerz noch viel stärker.

Stephen Levine schreibt: „Ziehe in Betracht, dass dein Widerstand gegen den Schmerz und die Angst vor dem Schmerz schmerzhafter sein könnten, als der Schmerz selbst. Achte darauf, wie der Widerstand dein Herz verschließt und deinen Körper und Geist anspannt. Entspanne den Widerstand, die Anspannung, die sich um den Schmerz gesammelt hat. ‚Weiche' den Schmerz herum auf."

Wir befähigen uns selbst, unseren eigenen Schmerz, den Schmerz unserer Lieben und den Schmerz in der Welt, zu ertragen, indem wir mehr als eine Bewusstseinsebene schulen, genauer gesagt, indem wir das Zeugenbewusstsein und das Beobachterbewusstsein schulen, indem wir die Gesetze der Natur, unseres Körpers und des Universums anerkennen.

Beobachte deinen Schmerz, fühle dich ein, ergründe (Elemente), aber lass dich nicht hineinziehen. Das Beobachterbewusstsein ist nicht passiv, sondern im Gegenteil sehr aktiv und sehr effektvoll. Gründe dich im Wohlfühlort, am besten in der Herz-Chakra-Gegend und dann beobachte deinen Schmerz, dein Verhalten, deine Gedanken. Beobachte nur. Du musst zunächst nichts verändern. Letztendlich verändert sich alles von allein, ganz natürlich.

Indem wir das Beobachterbewusstsein schulen und mit Mitgefühl paaren, entsteht Barmherzigkeit. Achtsamkeit und Mitgefühl kommen in der Barmherzigkeit zusammen. Die Haltung von Barmherzigkeit befähigt uns, den Schmerz ein Stück weit zu entpersönlichen. Zudem verfeinert die achtsame Einfühlung unsere innere Wahrnehmung. Dies unterstützt den Körper in seinen Selbstheilungskräften und der Fähigkeit, sich selbst auszubalancieren und reduziert die Angst.

„Der Tod ist ganz ungefährlich“

Je mehr wir uns mit dem Körper identifizieren, umso mehr wird der Gedanke an den Zerfall des grobstofflichen Körpers im Sterbeprozess Angst in uns auslösen. Menschen, die bei dem Gedanken an den Tod in Angst geraten, assoziieren damit oft ein absolutes Ende, ein vollkommenes Verlöschen, ein Hinabgleiten in die Bedeutungslosigkeit.

Unter buddhistisch Praktizierenden gibt es je nach Schule und Tradition verschiedene Sichtweisen des Todes. Besonders der tibetische Buddhismus beschäftigt sich sehr eindringlich und tiefgründig mit den Fragen zu Sterben und Tod und bietet überzeugende Erklärungen. Die Belehrungen, die ich von tibetischen Lehrern empfangen habe, entsprechen in etwa einem Traum, den ich eine Zeit lang mehrfach träumte. Ich gehe darin durch einen Vorhang und sehe ein Stück eines Flures, der an einer Wand endet. Ich gehe den Flur entlang und sehe, dass das Ende gar nicht eine Wand ist, sondern lediglich ein weiterer Vorhang. Ich gehe auch durch diesen hindurch, der Flur geht weiter und am Ende erscheint wieder eine Wand, die sich beim Näherkommen abermals als Vorhang erweist. Das Leben ist ein Abschnitt zwischen zwei Vorhängen. Wenn ein neuer Vorhang erreicht wird, legt das Leben seine bisherige Form ab und nimmt sogleich eine neue an.

Im Alaya-Bewusstsein, das, wie wir gehört haben, aus einer individuellen und einer universellen Seite besteht, sind auf der persönlichen Seite alle Eindrücke aus unserem bisherigen Leben gespeichert. Alles, was wir gedacht, getan und erlebt haben, bzw. wie wir auf das Erlebte reagiert haben, ist im Alaya-Bewusstsein gespeichert. „Das Speicherbewusstsein zieht all diese Samen (Taten, Erlebnisse, Wahrnehmungen) an, wie ein Magnet Eisenspäne anzieht.“[22] Die Informationen in den Samen werden sich wieder entfalten, wenn bestimmte Bedingungen zusammenkommen. In den Samen ist also eine Art Bewusstsein enthalten, eine Kraft, die wieder Form annehmen will. Da wir alle eine Menge an nicht aufgelösten Samen in uns tragen, ist, so Tarab Tulku, das Letzte, was wir vermeiden können, wiedergeboren zu werden. Das Alaya-Bewusstsein wandert bei einer Wiedergeburt weiter in das nächste Leben. Dabei braucht es einen Körper. Bewusstsein braucht immer einen Körper. Der Körper, mit dem das Alaya-Bewusstsein den grobstofflichen Körper im Sterbemoment verlässt, ist unendlich subtil. Laut Tarab Tulku spricht man von einem Körper in „potentieller Form“. Alles, was die Samen im Speicherbewusstsein brauchen, um sich neu zu entfalten und zu erblühen, sind entsprechend förderliche Bedingungen.

Für mich stirbt mit dem Tod nicht das Leben, sondern nur eine Form des Lebens. Mit anderen Worten: Wenn wir gestorben sind, sind wir nicht weg, nicht verschwunden oder erloschen, sondern anders da. Dass wir dies nicht erkennen können, hängt damit zusammen, dass wir uns im

---

[22] Meditationsmeister Thich Nhat Hanh: *Aus Angst wird Mut*, S. 25.

Allgemeinen nur einer Ebene des menschlichen Lebens bewusst sind. Im tantrischen Buddhismus wird mit Mandalas gearbeitet. Ein Mandala wird zweidimensional gemalt, aber dreidimensional vorgestellt. Wenn du ein Mandala anschaust, stell dir vor, du schaust von oben in einen tiefen Brunnen. Das Zentrum des Mandalas, sein Innerstes, entspricht dabei dem Grund des Brunnens bzw. unserem tiefsten Wesen, der tiefsten Ebene des Alaya-Bewusstseins. In der Bhagavadgita, einer heiligen Schrift der Hindus, heißt es:

> „Es dämmert der Tag, und alles im Schlaf
> geborgene Leben
> Kommt hervor und tritt in Erscheinung,
> erkennbar sterblich.
> Nacht sinkt herab, und alles löset sich auf
> In den schlafenden Keim des Lebens.
> So entsteht Leben, o Prinz, erscheint unaufhörlich,
> Sich lösend im Dunkel und
> mit dem Tag wiederkehrend,
> Zurück zu neuer Geburt, neuem Tod,
> Ganz unausweichlich: Es tut, was es muss.
> Doch hinter dem Offenbaren und dem Nichtoffenbaren,
> Gibt es ein Sein, das ewig ist und wandellos.
> Dies wird nicht zerstört
> in der großen kosmischen Auflösung.
> Das Nie-Offenbarte,
> das Unvergängliche ward es genannt.

Dies zu gewinnen, gilt als der größte aller Gewinne.

Dies ist mein höchster Zustand des Seins."[23]

Die Aussage, „Gibt es ein Sein, das ewig ist und wandellos?", wird in den buddhistischen Schulen zum Teil kontrovers diskutiert. Der ursprüngliche, in den Upanishaden formulierte Begriff des Atman meinte eine dynamische Lebenskraft, die durch den Menschen strömt. Der Buddha kehrte diese Terminologie um, als, wie Lama Govinda schreibt, die Idee des Atman sich zu einem stagnierenden, abstrakten Begriff verhärtet hatte, nämlich zu dem Begriff einer unveränderlichen, dauernden, unsterblichen Seele, die für den gewöhnlichen Menschen nicht unterscheidbar von einem glorifizierten Ich war. Darum ersetzte der Buddha den Atman durch den Anatman-Vada, die Lehre von der Ichlosigkeit, welche die dynamische Natur des Lebens wiederherstellt, ohne dadurch das Ewige im Menschen zu leugnen."[24]

Dieses Wissen kann uns helfen, eine weitere Sicht auf den Tod einzunehmen, die verschiedenen Ebenen zumindest ansatzweise zu berücksichtigen und damit unsere Angst zu verringern, sie möglicherweise sogar aufzulösen. Je mehr wir erfahrende Einsicht in unser formloses, ewiges Sein gewinnen, das über unsere Verstandesmuster hinweg existiert und unzerstörbar ist, so Ayya Khema, desto mehr gelingt es uns, die Angst vor dem Tod zu überwinden. Dies führt zu einer großen Befreiung, einem Frieden, der unabhängig davon ist, ob wir sind. Ein genaueres Wissen über die verschiedenen

---

[23] Bhagavadgita: *Gesang des Erhabenen,* S. 114 f.

[24] Lama Govinda: *Schöpferische Meditation*, S. 141.

Auflösungsphasen im Sterbeprozess, wie es die tibetische Kultur uns übermittelt hat, kann diese Gedanken weiter verdeutlichen und Angst reduzieren. Je besser wir in Wissen und Übungen vorbereitet sind auf das, was sicher eines Tages kommen wird, umso mehr entziehen wir Unsicherheit und Angst den Boden. Näheres zu den Phasen des Sterbeprozesses ist zu finden in meinem Buch „*Der Tod ist ganz ungefährlich*".

Die Kraft der Gegenwart

Eine sehr verbreitete Angst ist die vor der Ungewissheit der Zukunft. Mit unserem gewöhnlichen Bewusstsein schweifen wir oft ab in die Vergangenheit oder Zukunft und sind eher selten vollkommen achtsam in der Gegenwart. Denken wir an die Vergangenheit, an Bedrückendes, dann kommen schwierige Gefühle auf und wir verstärken eher die entsprechenden Eindrücke im Speicherbewusstsein. Oder wir denken an vergangenes Gutes und Beglückendes, dann kommt bei manchen Menschen Wehmut auf oder Melancholie, da das Beglückende ja vergangen ist. Schweift unser Geist in die Zukunft, dann malen wir uns diese – vielleicht etwas übertrieben gesagt – rosarot aus und dann kommen Erwartungen auf. Oder wir malen uns bedrückende und beängstigende Szenarien aus, dann entstehen natürlich auch die entsprechenden Gefühle von Unsicherheit, Verzagtheit und Zukunftsangst.

Eckhart Tolle hat die Zukunft in diesem Zusammenhang mit einer attraktiven Frau oder einem attraktiven Mann verglichen, die sich uns zugewandt haben und uns anlächeln: „Komm nur zu mir, ich werde dich glücklich machen", dabei aber ständig rückwärtsgehen, sodass wir sie nie erreichen können. Doch wir folgen ihnen immer weiter in der Hoffnung, sie doch irgendwann fassen zu können und dann die Erfüllung unseres Wollens und Begehrens zu erreichen. Ab einem bestimmten Alter dreht diese Person jedoch ihren Kopf, und wir sehen, sie hat einen Januskopf, sie hat zwei Gesichter. Das Gesicht, das uns jetzt anschaut, gleicht einem Totenkopf und die Zukunft sagt uns jetzt: „Ich werde dich töten." „Dieser Gestalt bin ich die ganze Zeit hinterhergelaufen – und damit von mir selbst weg", sagen wir dann. „Das mache ich ab jetzt aber nicht mehr." Und statt zumindest von nun an in der Gegenwart zu leben, schauen viele Menschen dann in die Vergangenheit und versuchen den Rest ihrer Zeit, Geschichten aus der Vergangenheit wiederzubeleben.

Die Schulung in Achtsamkeit mit ihrer beobachtenden und einfühlenden Gegenwärtigkeit wäre das Heilmittel, um diese falschen Ausrichtungen zu korrigieren. Menschen, die dazu neigen, sich die Zukunft als bedrohlich auszumalen und damit Angstgefühle erzeugen, denken oft in „Was-ist-wenn"-Kategorien. Dabei beziehen sich die „Was ist wenn"-Gedanken im Allgemeinen auf Negatives. Kaum jemand denkt: „Was ist, wenn ich in der Zukunft alles erreiche, beliebt, erfolgreich und gesund bin?"

Mittels wachsender Achtsamkeit befähigen wir uns, völlig im Augenblick zu leben. Dadurch wird unser Leben einfacher und harmonischer. Wir beobachten, hören zu, fühlen uns ein, ohne etwas in die Zukunft zu projizieren. Dadurch fallen zukunftsorientierte Vorstellungen von uns ab. Wenn es ein Planen für die Zukunft braucht, dann wird geplant, aber dies geschieht im Jetzt, in der Gegenwart. Wir leben bewusst im gegenwärtigen Moment und gewinnen Zugang zur Lebenskraft selbst, statt uns in angsterregenden Vorstellungen von der Zukunft zu verlieren. Wir können drei Tore nutzen, um uns im gegenwärtigen Moment zu verankern: Wir können die Aufmerksamkeit auf unseren Körper lenken und ihn spüren, wir können bewusst die Erde spüren und wie sie gerade den Körper trägt, und wir können den Atem spüren, der den Körper am Leben erhält.

Manche Menschen kommen nicht zur Ruhe und erleben eine dauerhafte Angstbegleitung auf der Basis einer Gewissensbelastung. Vielleicht haben sie jemanden belogen oder betrogen, jemanden übervorteilt oder aus Eigennutz jemanden auf andere Weise Schaden zugefügt. Und nun haben sie Angst, dass das Ganze aufgedeckt wird und alle sie verurteilen werden, sie in der Zukunft ihr Verhalten auszubaden haben usw. Diesen Ängsten entziehen wir den Boden, wenn wir eine Lebenserfahrung einüben, die sich an der von Buddha formulierten Tugendrichtlinien orientiert. Eine von vielen Folgen dieser Lebenspraxen wird unser gutes Gewissen sein. „Ein gutes Gewissen ist ein sanftes Ruhekissen“, belehrte mich bereits mein Großvater.

Im Einklang leben mit den ethischen Richtlinien

Was ist das Wesen dieser Tugendrichtlinien, der sogenannten Silas (Pali *sīla*, Sanskrit *śīla*)? Sie beschreiben Verhaltensweisen, mit denen wir uns nicht in die Welt verstricken, sondern die uns ermöglichen, unbefangen, offen, leicht und entspannt mit uns selbst und anderen sein zu können. Solche Verhaltensweisen sind auf Verständnis und Verbindung sowie auf den Abbau von Ignoranz und Trennung ausgerichtet. Auch öffnet uns die Praxis der Sila-Richtlinien den Zugang zu subtileren Geisteszuständen und unserem Herzenspotential. Sie wiederum befähigen uns, den Geist über weltliche Dinge zu erleben und uns der transzendenten Dimension zu öffnen. Ohne eine entsprechende Lebensführung bleiben wir der Ebene des Alltagsbewusstseins verhaftet und können die Tiefgründigkeit des Dharma nicht erkennen. „Wie ein Blinder keine Formen sieht, so sieht jemand ohne Ethik nicht das Dharma", lehrte der Buddha. Doch nicht nur im Buddhismus, sondern sicherlich auch im Christentum, vermutlich sogar in allen großen Religionen gilt die Praxis von ethischen Richtlinien als grundlegend für jegliche spirituelle Praxis. Die Sila-Richtlinien lauten im Buddhismus (frei übersetzt):

Ethische Vorsätze

Ich will mich darin üben,

keine Lebewesen zu verletzen oder zu töten.
Ich will Mitgefühl entwickeln und das Leben von Menschen, Tieren und Pflanzen nach besten Kräften schützen und unterstützen.

nichts zu nehmen, was mir nicht gegeben wurde.
Ich will Großzügigkeit üben und nach meinen Möglichkeiten anderen helfen und sie fördern.

mit meinem sexuellen Verhalten niemandem zu schaden.
In meiner Sexualität will ich verantwortungsbewusst und einfühlsam handeln.

meine Sprache frei von Lügen, Verleumdungen, groben Worten und leerem Geschwätz zu halten.
Ich will wahrhaftig, versöhnlich und heilsam sprechen.

mich nicht mit Alkohol oder Drogen zu berauschen[25].
Ich will das zu mir nehmen, was der Gesundheit meines Körpers und der Klarheit meines Geistes dient.

---

[25] In der Originalversion heißt es: Alkohol und Drogen zu vermeiden.

Um uns aus unseren Verwicklungen zu lösen, braucht es aus buddhistischer Sicht drei Aspekte:

1. die Stimme eines anderen (z. B. des Lehrers oder der Lehrerin),
2. weises Erwägen, um Verständnis anwachsen zu lassen und einen klaren Entschluss zu fassen,
3. das Einüben des Gehörten und Bedachten.

Um immer wieder den Entschluss zu erneuern, die fünf Sila-Richtlinien auch in Versuchungssituationen zu praktizieren, ist ein möglichst grundlegendes Verständnis ihres Wertes notwendig. Solange wir sie als Verbote, als Einengung betrachten, als eine unangenehme Last, die unsere Lebensfreude einschränkt, werden wir sie nicht nachhaltig einüben wollen. Ethisches Verhalten kann nur dann dauerhaft praktiziert werden, wenn es in liebevoller Herzlichkeit wurzelt. Sind nicht Liebe und Richtlinien Gegensätze, wirst du dich vielleicht fragen. Blockieren wir mit Regeln eventuell sogar den Zugang zu unserer Herzlichkeit?

Solange unsere Liebe noch nicht vollkommen ist, können grundlegende Richtlinien hilfreich sein, um uns zu orientieren. Die Sila-Richtlinien sind ausgerichtet auf drei Funktionen:

- anderen Lebewesen keinen Schaden zufügen,
- andere Lebewesen unterstützen und beschützen,
- gute Bedingungen für uns selbst hervorbringen, z. B. in Form von gutem Gewissen, unbefangenem Umgang mit anderen und Freiheit von Gewissensbelastung.

Um diese Richtlinien in unser Verhalten einfließen zu lassen, braucht es einen möglichst klaren Entschluss. Vor allem in Stress- und Drucksituationen, so berichten Psychologen und Soziologen, reagieren Menschen schnell nach einem nicht sehr bewussten Basisprogramm. Und wenn verletzliche Selbstempfindungen aktiv sind, werden Menschen ohnehin unbewusster. Hinzu kommt, dass wir in einer komplexen Welt voller komplexer Zusammenhänge leben, in denen nicht immer ohne weiteres offenkundig ist, welche Verhaltensweisen in Einklang mit den ethischen Richtlinien stehen. Um ein Beispiel aus meinem Berufsalltag zu nennen: Sind Eizellspenden und Embryotransfer[26] in Übereinstimmung mit den Sila-Richtlinien oder nicht? Der Buddha hat dazu naturgemäß nichts gesagt. Wer ist also heutzutage befähigt, eine Antwort zu geben? Oder kann es gar keine allgemeingültige Antwort geben? Mit diesen und ähnlichen Fragen ringe ich seit langer Zeit.

Für mich beginnt die Praxis der Sila-Richtlinien mit Selbsteinfühlung und Selbstakzeptanz als Aspekten von Bewusstheit und Herzensgüte. Nur mit intellektuellem Verständnis und Disziplin sind sie nicht dauerhaft zu praktizieren. Zum einen ist es notwendig, eine wachsende Bewusstheit in möglichst alles einfließen zu lassen, was wir denken, sagen und tun und zum anderen, dass wir uns bewusst darum kümmern, eine größere Nähe zu uns selbst zu empfinden. Nur achtsam beobachten und anerkennen oder eingestehen, was in uns lebendig ist, reicht nicht aus. Indem wir eine lebendige Verbindung, eine größere Nähe zu uns selbst herstellen, schaffen wir die Bedingungen, aus denen sich das uns innewohnende

---

[26] Methoden der modernen Medizin, um Paaren mit ungewollter Kinderlosigkeit zu einer Schwangerschaft zu verhelfen.

Potential für Metta (s. Teil III) entfalten kann. Und indem wir Metta in uns entfalten, entziehen wir der vierten Grundangst, der Angst aus Gewissensbelastung, vollkommen den Boden.

III. Teil: Buddhistische Methoden zur Auflösung von Angst

Wie können wir nun dieses Wissen mit unserer spirituellen Praxis verbinden? Der vietnamesische Zen-Meister Thuong Chieu sagte, „Wenn wir verstehen, wie unser Geist funktioniert, dann wird unsere Praxis einfach." Um mit unseren Unsicherheiten und Ängsten zu praktizieren, braucht es, dass wir ein Gewahrsein dafür entwickeln, was gerade in uns lebendig ist, wie wir dabei mit uns selbst verbunden sind und welche inneren Anteile in uns bereits aktiviert sind und zu bestimmten Selbstempfindungen führen.

Meditation als Weg zu Selbstfürsorge und Selbstschutz

Wie kann Meditation uns bei der Bewältigung von Angst unterstützen und uns in unserem alltäglichen Leben mit all den Unwägbarkeiten und Herausforderungen unserer Zeit Schutz und Fürsorge bieten?

Das Wort „Meditation" leitet sich von „mederi" (Heilen) oder „meditari" (Nachsinnen, um das Bewusstsein zu erweitern) ab. Meditation ist eine Weise, den Geist zu öffnen, zu sammeln und zu stabilisieren, sodass er förderlich wird für heilsames Verhalten in der Welt, vor allem aber für ein tiefes Schauen und befreiende Einsichten. Unsere verblendete Sicht ist nur aufzulösen durch Einsicht – und um zu Einsicht zu gelangen, brauchen wir die Verbindung zu unserer Herzenergie. In alten östlichen Traditionen werden Geist und Herz nicht voneinander unterschieden. Das wird deutlich im Begriff „citta" (Pali für Herzgeist), der Herz und Geist als Einheit auffasst. Meditation ist also ein Übungsweg, auf dem wir unseren Herzgeist beruhigen, öffnen, klären, stabilisieren, verfeinern und läutern. In erster Linie schützt uns ein stabilisierter, verfeinerter und offener Geist vor Verstrickungen in der Welt und dem Besetztwerden von Gefühlen und Gedanken, die bei Unbewusstheit zu blinden Reaktionsimpulsen auf die ständigen Reize der weltlichen Ebene führen. Somit schützt er uns vor unbewusstem, impulsivem Verhalten, das auf Geistesunreinheiten beruht. Womit die Meditationspraxis auch eine heilsame Wirkung auf unsere Umgebung hat. Damit sich Meditation als Selbstschutz und Ausdruck von Selbstfürsorge entfalten kann, muss sie auf Offenheit und Herzlichkeit beruhen. Meditation beginnt, wenn das Herz sich berühren lässt, aufgeht und der Geist zur Ruhe kommt. In diesem Moment verändert sich die Perspektive.

Was führt Menschen zur Meditation? Häufig ist es ein Gefühl des Unerfülltseins, ein Ahnen, dass es in diesem Leben noch mehr geben müsste - ein Ahnen und Sehnen, ein Suchen, eine Sehnsucht. Fragen wie „Wer bin ich?“, „Woher komme ich und wohin gehe ich?“, „Wozu das alles?“ führten mich damals in meinen ersten Meditationskurs in einer Volkshochschule. Solange wir nur die oberflächliche Ebene des Menschseins kennen, nimmt das Geschehen – das äußere wie auch das innere – oft eine absolute Stellung ein und kann uns in schwierigen Zeiten überwältigen. „Solange wir nur die Oberfläche kennen, ist die Gegenwart nie genug“, sagt Eckhart Tolle. Die Oberfläche des jetzigen Momentes ist nie ganz erfüllend.

Wie aber gehen wir über die oberflächliche Wahrnehmung hinaus, in eine tiefere Wahrnehmung, die nicht an den äußeren Formen Halt macht? Eine tiefere Wahrnehmung beginnt, indem wir bewusst den Körper spüren und die Erde, die den Körper trägt. Dann erspüren wir die Luft, den Atem, der in den Körper hineinfließt. Wir gehen noch tiefer, indem wir uns in den Atem und in den Körper einfühlen, bis in subtilere Wahrnehmungsebenen hinein. Wir nutzen den Atem, der uns immer zur Verfügung steht, uns von Anbeginn unseres Lebens bis zum letzten Atemzug Tag und Nacht zuverlässig mit Lebensenergie versorgt. Wir nutzen unseren Körper, durch den wir direkt in eine Gegenwärtigkeit finden und uns mit uns selbst verbinden können. Unser grobstofflicher Körper kann nie an einem anderen Ort oder in einer anderen Zeit sein, nur im Hier und Jetzt. Unsere Gedanken und Bilder können dies sehr wohl und ziehen uns nur allzu gerne aus der gegenwärtigen Präsenz in die Unbewusstheit und damit in unheilsame Reaktionstendenzen. Indem wir die Lebendigkeit des Körpers bewusst erfühlen, verlangsamen sich die Gedanken und treten in den Hintergrund. Wir lösen uns aus dem gewöhnlichen aktiven Modus unseres Geistes und nähern uns der Erfahrung von Stille. „Gottes Sprache ist die Stille“, sagen christliche Mystiker, „alles andere sind schlechte Übersetzungen“. „Werde still, damit du Gott wirst“, hieß es in den Inschriften der Tempel des antiken Delphi. Nur in der Stille erfahren wir das Geheimnis unserer tieferen Essenz, der Untrennbarkeit mit dem göttlichen Sein, das uns alle verbindet.

Meditation kann dargestellt werden als ein Schulungsweg, ein Entwicklungsweg von einem anfänglich unbefriedigenden, oberflächlichen Erleben zu einem friedvollen, in sich ruhenden Seins-Zustand. Nähe zu sich selbst zu vermitteln ist das gemeinsame Element vieler Meditationsarten. Aus der Nähe zu sich selbst öffnet sich das

Erleben von Verbundenheit zu anderen. Diese Verbundenheit von uns zur Welt erleben wir in einem dynamischen Prozess von wechselbezüglichem Aufeinanderbezogensein. Nichts und niemand steht für sich allein, wir sind alle Teil eines Flusses. Je mehr wir in uns ruhend im Fluss der Erscheinungen verweilen können, umso mehr finden wir zu innerer Befreiung. Es braucht wachsendes Vertrauen in die Wirksamkeit der Praxis, um die Entschlusskraft und Disziplin für regelmäßiges Praktizieren aufzubringen. Nur dann kann sie uns in instabilen Situationen eine Stütze sein. Hilfreich ist immer die Unterstützung durch einen Lehrer und die heilsame Kraft einer Sangha. Ansonsten neigen wir allzu leicht dazu, die Praxis in guten Zeiten zurückzustellen, sodass uns ihre Früchte in schwierigen Zeiten nicht verfügbar sind. Allzu schnell identifizieren wir uns wieder auf der weltlichen Ebene der Form, fixieren uns auf sie und verfangen uns in der äußeren Identität, die sich zusammensetzt aus vielen Vorstellungen und Selbstbildern. Es braucht eine Ausrichtung und fortwährende Praxis, um uns aus unseren Konditionierungen und Fixierungen auf unser kleines, begrenztes Ich zu lösen. Dann wird in der Tiefe erfahrbar, dass Angst nur auf der Ebene der Trennung entstehen kann.

Akzeptanz

Meditation gründet auf der grundlegenden Haltung der Achtsamkeit: Achtsamkeit entfaltet sich in der liebevollen Einfühlung, der annehmenden, nicht bewertenden Beobachtung und dem Verzicht auf vorschnelle Interpretationen und Einordnungen. Ein wesentlicher Aspekt der Meditation ist der Aspekt des bedingungslosen Annehmens. Damit sich Meditation entfalten kann, braucht es ganz grundlegend die Haltung von Akzeptanz gegenüber allem, was sich zeigt: Was immer in Erscheinung tritt, darf sein. Was immer gerade da ist, genügt. Es kommen Gedanken – Gefühle – unvollkommene Anteile melden sich zu Wort.

Wir üben uns in der Grundhaltung:

> Ich bin nicht okay.
> Du bist nicht okay.
> Und das ist okay.
> Elisabeth Kübler-Ross

Die Haltung von Akzeptanz öffnet und weitet nach innen. Sie lässt uns sozusagen transparent werden für subtilere Realitäten und bereitet damit den Boden für befreiende Einsichten und Verständnis. Du kannst dich, mich und andere nicht verstehen, wenn du nicht aus den Augen der Akzeptanz schaust. Mit der Akzeptanz eines liebevollen, mitfühlenden Herzens schauend, kannst du dich und andere Menschen sehen, wie sie sind. Annehmen können wir schwerlich mit zerstreutem Geist. Damit sich die öffnende Kraft der Akzeptanz entfalten kann, braucht es ein gewisses Maß an achtsamer Präsenz. Diese üben wir in der Meditation. Auf diese Weise schaffen wir Bedingungen für die Sammlung und Beruhigung des Geistes. Bereits im Erspüren von Körper, Erde und Atem liegt ein gewisser Schutz vor dem Auftreten von Unsicherheit und Angst.

Entschlusskraft

Wie bereits erwähnt, ist ein weiterer wesentlicher Aspekt für die Entfaltung der Meditationspraxis die Stärkung unserer Entschlusskraft. Die Lehrerin, die „zu mir“ kam, hieß Ayya Khema. Auf meine Frage: „Wie kann ich meine Meditationspraxis vertiefen?“ antwortete sie: „Ich beantworte dir die Frage, aber dafür musst du herkommen!“ Sie lud mich also ein, mich auf den Weg zu machen, die 800 Kilometer zu ihr ins Allgäu zurückzulegen. Damit überprüfte sie meine Entschlusskraft.

Am Anfang – und immer wieder – ist es notwendig, sich auf die eigene Sehnsucht auszurichten. „Not-wendig“ bedeutet: es wendet die Not. Aus der Sehnsucht erwächst eine Vision und aus der Vision die Intention. Ohne die Stimme der Sehnsucht und der Vision setzen wir uns nicht in Bewegung oder geben bei Schwierigkeiten und Hindernissen schnell auf. Wir brauchen die Inspiration, die unsere Entschlusskraft wachsen lässt. Wenn wir zu ihr finden, kehren wir auch zu unserer Sehnsucht zurück. Spirituelle Praxis wird oft mit einer Reise verglichen. Auch eine Reise nach innen braucht Inspiration und Intuition. Motivation ist eine Kraft, die uns auch durch Widerstände hinweg ermöglicht, bewusst Achtsamkeit auf ein Meditationsobjekt zu richten. Je klarer und frischer unsere Inspiration ist, umso leichter gelangen wir in eine höhere Qualität der Aufmerksamkeit.

Du kannst dich selbst einmal fragen: Wenn ich meditiere, welche Motivation steckt dahinter? Oder noch tiefer: Welche Sehnsucht treibt mich? Erforsche deine Sehnsucht als innere Kraft.

Aus einer halbherzigen Absicht und einem halbherzigen Sicheinlassen erwächst eine nur schwache Entschlusskraft. Wir praktizieren mal dies, mal das und lassen uns leicht von anderen Dingen vereinnahmen. Hinzu kommen unsere Ego-Strukturen. Das Ego sucht Sicherheit auf der gegenständlichen, äußeren Ebene des Menschseins sowie angenehme Gefühle. Es will kontrollieren und manipulieren. In der Meditation hingegen geht es ums Einlassen und Loslassen. Es geht darum, sich der liebevollen Präsenz zu überlassen, die uns in einen Zustand des In-Einklang-Kommens führen kann, wenn wir uns hingeben. Meditation will uns letztlich erkennen lassen, was wir in Wirklichkeit sind. Sie möchte uns zum Erleben beider Ebenen unseres Seins führen: *Menschsein* und *Sein*, zur gleichen Zeit unvollkommen und vollkommen, Kinder des Himmels und der Erde. Es ist von grundlegender Bedeutung, sich immer wieder die Motivation der Meditationspraxis zu vergegenwärtigen und sich auf die ursprüngliche Sehnsucht auszurichten. Nur so entfalten wir die notwendige Entschlusskraft, die wesentlich für unsere regelmäßige und dauerhafte Praxis ist.

Sitzhaltung

Nachdem die Motivation geklärt und aufgefrischt ist, lehrt uns der Meditationslehrer eine förderliche Haltung während der Praxis. Die äußere Form ist nur eine Hilfe, um mit dem inneren Weltinnenraum vertrauter zu werden, um in Einklang zu kommen und tiefer zu schauen. Die äußere Form soll inneres Tun und Einlassen unterstützen. Die formale Meditationspraxis beginnt also mit dem Einnehmen einer angemessenen, das heißt förderlichen Sitz-, Steh- oder Gehhaltung.

In der Sitzhaltung achten wir darauf, dass der Körper entspannt und gleichzeitig stabilisiert ist. Die Neurophysiologie hat erkannt, dass sich überall im Körper Spannungsfühler befinden. Diese leiten vom Körper ans Gehirn, ob es sich beruhigen kann oder nicht. Das heißt: ist der Körper stabilisiert, wird auch der Geist stabilisiert sein. Ist der Körper unruhig, ist auch der Geist unruhig. Der Körper ist leichter zu zähmen als der Geist. Daher beginnen wir damit, zunächst den Körper zu zähmen, das heißt, ihn zu entspannen und zu stabilisieren; dann gehen wir dazu über, den Atem zu zähmen; im Anschluss daran ist der Geist leicht zu zähmen. Im Sitzen spüren wir, wie die Sitzbeinhöcker die Unterlage berühren, richten das Becken auf, entspannen die Schultern und spüren die Verbindung zur Erde bei gleichzeitig aufgerichteter Wirbelsäule. So etablieren wir das Erdelement und balancieren Weichheit und Entspannung mit Härte und Spannung. Das Gefühl körperlicher Stabilität, das aus einer richtigen Haltung entspringt, führt zu Selbstbewusstsein und geistiger Wachheit.

Achte also immer auf die Aufrichtung der Wirbelsäule und entspanne die Muskeln des Kopfes, vor allem des Gesichts. Nimm die Schultern ein wenig nach hinten und entspanne deinen Bauch. Hier wird dir der Atem eine Hilfe sein. Schließlich entspanne Arme und Beine. Sitze nun wie eine goldene Pyramide, wie ein goldener Berg. Gold steht hierbei für Reinheit, die Pyramide für Stabilität. Im Zen heißt es:

> Sitze nicht nach vorn geneigt
> (einer Haltung des Habenwollens).
> Sitze nicht nach hinten geneigt
> (einer Haltung der Aversion).

Sitze nicht nach links geneigt
(auf die Vergangenheit ausgerichtet).
Sitze nicht nach rechts geneigt
(auf die Zukunft ausgerichtet).

Dieser „goldene Berg“ ist aber nicht starr oder schwer. Unsere Haltung ist stabil, aber gleichzeitig durchlässig und offen – verbunden nach unten, geöffnet nach oben. Die angemessene Haltung sollten wir immer wieder neu balancieren. Nach dem Einnehmen der Sitzhaltung lehrt uns der Meditationslehrer die Praxis der Metta-Meditation. Es ist sinnvoll, sich nicht hinzusetzen und „einfach irgendetwas“ zu meditieren, einfach irgendwo anzufangen, sondern mit einer bewussten Ausrichtung in die Meditation zu gehen. Ich empfehle daher, die Meditationspraxis grundlegend folgendermaßen aufzubauen: Beginne mit der Metta-Meditation, dann stabilisiere deinen Geist mithilfe der Samatha-Meditation. Darauf aufbauend kannst du in die Einsichtsmeditation (Vipassana) übergehen. Hier führe ich dich in die Grundlagen aller drei Meditationsformen ein, sodass du für dich selbst entscheiden kannst, welche Meditation für dich in welcher Lebenssituation hilfreich ist.

Metta-Meditation

Was bedeutet Metta (Pali *mettā*, Sanskrit *maitrī*)? Was ist die Grundlage jeder Meditation? Basis jeder spirituellen Entwicklung und Grundlage jeder Meditation ist die Entfaltung von Liebe, liebende Güte,

Herzensgüte und damit verbundene Bewusstheit. Auf die Herzensqualität der liebenden Güte gehe ich im IV. Teil noch vertieft ein; hier beziehen wir uns insbesondere auf die Metta-Praxis, die Praxis der liebenden Güte.

Liebe und Bewusstheit sind die mächtigsten Kräfte, die sowohl Schutz als auch menschliche Entwicklung hervorbringen können. Um sich dem Verständnis von Metta zu nähern, halte einmal bewusst inne und spüre nach innen. Was löst dieses Wort Liebe in mir aus? Wie viel Liebe, Wärme und Nähe sind eigentlich in meinem Herzen? Ist wenig Liebe in meinem Herzen – wie gehe ich damit um?

In der Metta-Praxis liegt eine große Chance für Menschen, die wenig Liebe in ihrem bisherigen Leben erfahren haben. Die Chance liegt darin, zu lernen, Metta für uns selbst zu entfalten, um uns das, was wir uns von anderen wünschen, nun selbst zu geben.

Von Metta – selbstloser und unbedingter Liebe – gibt es viele missverständliche Vorstellungen; deswegen ist es wichtig, zunächst ein genaueres Verständnis von Metta zu entwickeln. Was bedeutet Metta und was ist das Wesen von Metta? Zum Wesen von Metta erzählt Jack Kornfield eine dramatische Geschichte:

Ein 14-Jähriger erschoss in Amerika bei einer Mutprobe einen unschuldigen Teenager. Beim Prozess saß die Mutter des Opfers im Gerichtssaal. Als der 14-Jährige wegen Mordes verurteilt wurde, stand die Mutter auf, sah den Jungen an und sprach: „Ich werde dich töten." Von nun an begann sie, ihn regelmäßig im Gefängnis zu besuchen. Jedes Mal brachte sie ihm etwas Süßes oder etwas Leckeres zu Essen mit, saß da und verbrachte Zeit mit ihm. Monate und Jahre zogen ins Land, und am Tag seiner Entlassung fragte sie ihn, ob er wisse, wo er hingehen könne. Er erwiderte: „Nein“, da er niemanden hatte, der ihn erwartete. So bot sie ihm an, zunächst bei ihr einzuziehen. Er willigte ein und lebte fortan bei ihr im Zimmer ihres verstorbenen Sohnes. Er erhielt gute, saubere Kleidung, gutes Essen, und sie kümmerte sich um ihn wie um ihren eigenen Sohn. Eines Tages bat sie ihn, zu ihr zu kommen. Er nahm ihr gegenüber Platz. Sie nahm seine Hände in die ihren, schaute ihn mit offen, klaren Augen an und fragte: „Erinnerst du dich, was ich dir damals im Gerichtssaal gesagt habe?“ Der Junge konnte sich sehr wohl daran erinnern und erwiderte: „Ja, Mam.“ „Siehst du“, sprach sie, „ich habe versprochen, den Jungen zu töten, der meinen Sohn auf dem Gewissen hat. Und genau das habe ich getan. Den Jungen von damals, der meinen Sohn erschossen hat, den gibt es nicht mehr.“ Sie adoptierte den Jungen, der sich dank ihrer Herzensgüte zu dem entfalten konnte, was in ihm an heilsamen Samen angelegt war.

Metta beinhaltet Fürsorge ebenso wie Respekt, Einfühlsamkeit ebenso wie Verantwortungsbewusstsein. Metta ist ein Freund der Welt. Ein wahrer Freund ist zuverlässig, niemals verurteilend, stets zur Vergebung bereit. Metta lässt sich nicht von den Merkmalen der Menschen beirren und unterscheidet nicht zwischen „dumm“ und „klug“, „faul“ und „fleißig“, „spirituell“ und „unspirituell“. Metta schafft Verbindung, Verbundenheit auf der Ebene des Seins. Hingegen findet die relative oder romantische Liebe auf der Ebene der Form statt.

Je mehr Menschen Metta in sich entfalten, umso friedlicher wird die Welt. Jeder Moment, in dem wir Metta in uns entfalten, ist ein Moment, in dem wir zum Frieden in der Welt beitragen. Mit der Entfaltung von Metta erfahren wir selbst inneren Frieden, Schutz und Fürsorge. Da die

Fähigkeit zu Metta in uns allen vorhanden ist, kann jeder Mensch Metta entfalten. Zugänge können z. B. sein: Dankbarkeit für das Gute, bestimmte Metta-Sätze oder Visualisierungen. Du kannst dir bestimmte Wünsche schenken, die Metta-Qualitäten in sich tragen bzw. die dich für das Erleben der Metta-Qualitäten öffnen. Du kannst dir selbst wie deiner eigenen besten Freundin/deinem besten Freund begegnen und dir wünschen:

Möge ich beschützt und sicher sein.
Möge ich in Einklang sein und frei von geistigem Leid.
Möge ich gesund sein/werden und frei von körperlichem Leid.
Möge ich leicht und unbeschwert durch mein Leben gehen.

Spüre in dir, welche Sätze etwas in deinem Herzen bewegen, und ändere diese Vorschläge ggf. ab, sodass sie zu dir und deiner gegenwärtigen Lebenssituation und Gestimmtheit passen.

In meinem Buch *„Buddhas Geschenk der Geborgenheit"* findest du eine längere Metta-Kontemplation und weitere Hinweise zur Metta-Praxis, auf die ich an dieser Stelle nur verweisen möchte.

Samatha-Meditation

Auf der Basis von Metta leitet der Lehrer den Schüler an, *samatha* (Sanskrit *Śamatha* bzw. Pali *Samatha*) zu üben. Samatha bedeutet „Sammlung“ und wird geübt, um den Geist

1. zu sammeln und zu beruhigen.

   Ein beruhigter Geist kann klarer sehen. Unbewusste Konditionierungen, Strukturen und Zusammenhänge werden deutlich.

2. zu stabilisieren.

   Ein stabilisierter Geist lässt sich weniger leicht von Gedanken, Gefühlen und Bildern besetzen.

3. zu verfeinern.

   Subtilere Erfahrungsebenen werden deutlicher.

4. zu läutern.

   Der Geist wird befreit von Eifersucht, Ärger und Angst – von belastenden Emotionen, die ihn in die Knechtschaft ziehen.

Um Samatha zu praktizieren, gibt der Lehrer dem Schüler ein Meditationsobjekt (in erster Linie den Atem) sowie weitere Anleitungen, um bei diesem Objekt zu bleiben und mit Schwierigkeiten bei der Sammlung umzugehen. Ein in Samatha geübter Meditierender kann in die Tiefe schauen. Er verliert sich nicht immer wieder auf der Oberfläche des Menschseins. Wenn wir uns selbst verlieren oder vergessen, verlieren wir uns an die Welt. Wir suchen uns dann in den Formen der Welt – doch hierin liegt kein Schutz. Wenn wir uns auf der Ebene des Menschseins verlieren, wird das Relative zum Absoluten – dann kann das Leben sehr schwer und bedrückend werden. Die Formen unseres Menschseins sind so kurzlebig – hier können wir uns und die Fülle des Seins nicht finden.

Vipassana-Meditation

Der Boden für befreiende Einsichten wird weiter gestärkt in der Vipassana-Meditation. Aufbauend auf Metta- und Samatha-Praxis beobachten wir den Fluss der Gedanken, Gefühle, der inneren Bilder, also der geistigen Erscheinungen. Wir erleben die Vergänglichkeit und Nichtgreifbarkeit all unserer geistigen Phänomene. Auf diese Weise geschieht weitere Loslösung. Wenn wir uns lösen vom Besetztsein, von Gedanken, Gefühlen usw., verlieren diese Phänomene die Macht, uns in die Angst oder eine andere Form des Unglücklichseins zu treiben. Loslösung bedeutet nicht Ablösung, im Gegenteil: Wir erleben in der Vipassana-Meditation Verbundenheit auf tieferen Ebenen unseres Seins. Solange wir mit einer üblichen, oberflächlichen Art des Bewusstseins in die Welt treten, werden wir uns immer wieder schutzlos ausgeliefert und hilflos fühlen. Die folgenden drei Anleitungen sind Beispiele für die Vipassana-Praxis.

Vipassana-Meditation: „Der große Gastgeber“[27]

Nimm deine Meditationshaltung ein und schließe die Augen. Spüre die Anwesenheit deines Körpers im Raum, ebenso die Position des Körpers im Raum, die Stellung der Beine, des Beckens, Rückens, der Schultern, Arme, des Halses und Kopfes. Und spüre nun den Atem. Erspüre den ganzen Atemfluss. Erspüre ihn mit einem freundlichen Interesse, mit einem liebevollen Interesse dem Atem gegenüber. Der Atem ist verbunden mit dem ersten Moment in deinem Leben und auch mit dem letzten Moment deines Lebens. Der Atem begleitet dich Tag für Tag und auch nachts, wenn du schläfst, weicht er nicht von deiner Seite. Der Atem schenkt dir nicht nur Leben, er ist Leben, Lebensenergie. Ein wichtiger Schritt auf deinem Entwicklungsweg ist, jeden Atemzug bewusst zu genießen und dich daran zu erfreuen. Richte allmählich die Aufmerksamkeit auf den Atem an der Bauchdecke. Nimm die ganze Bauchdecke wahr und erspüre das Heben und Senken der Bauchdecke im Atemrhythmus. Behalte deine Freundlichkeit, deine Fürsorglichkeit für den Atem bei. Nimm nun, ohne die Verbindung zum Atem zu verlieren, den Kontakt des Gesäßes mit der Sitzfläche und die damit verbundenen körperlichen Empfindungen wahr. Es geht nur um die Empfindungen. Verliere dich nicht in Erklärungen und Deutungen. Tauchen weitere, stärkere Körperempfindungen auf, dann bemerke auch diese. Vielleicht empfindest du Schmerzen im Rücken, Druck im Kopf, Übelkeit im Bauchraum, Druck in den Schultern. Nimm nur freundlich wahr, ohne zu

---

[27] Diese Anleitung zur Vipassana-Meditation ist meinem Buch *„Buddhas Geschenk der Geborgenheit“* entnommen, S. 126 ff.

reagieren, und verzichte auf jede Interpretation, auf jedes Wissen. Wenn äußere oder innere Geräusche auftauchen, nimm auch diese in einer nicht wissenden und nicht reaktiven Haltung wahr. Belasse alle Erfahrungen, wie sie sind.

Bleibe in der Verbindung zum Atem an der Bauchdecke. Wenn jetzt Gedanken, Bilder, Vorstellungen auftauchen, kämpfe nicht dagegen an, sie sind natürliche Erscheinungen des Geistes. Bemerke alles mit einer sanften Freundlichkeit, ohne dich davon vereinnahmen zu lassen. Verliere dich nicht in den Inhalten der Gedanken oder Bilder, sondern interessiere dich – wach und unangestrengt – für das Entstehen und Vergehen, für den Fluss der Ereignisse. Taucht im Geist die Absicht auf, eine Bewegung durchzuführen, z. B. dich zu räuspern, Speichel zu schlucken oder den Kopf oder Rücken zu bewegen, dann erkenne die Absicht und sei dir während der Bewegung, z. B. des Schluckens, des ganzen Vorgangs gewahr. Bleibe dabei in der Empfindung der Vergänglichkeit dieses Geschehens und in der Empfindung des Atems. Wenn Emotionen auftauchen, vielleicht Ärger, Angst oder andere, lass sie da sein und erkenne sie als geistige Erscheinungen. Verliere nicht die Verbindung zum Atem. Wenn die Übung dich interessiert und inspiriert, dann bemerke dies interessiert. Wenn die Übung dich entmutigt, langweilt, bemerke: entmutigt oder gelangweilt. Sei wach und sei ohne Anstrengung mit allem, was auftaucht, ohne etwas damit zu machen. Du bist „der große Gastgeber", alles darf kommen und gehen, alles ist willkommen. Sag zu allem: „Ja, das ist jetzt vorhanden, ja, das darf jetzt sein." Körperliche Empfindungen dürfen sein, geistige Erscheinungen dürfen sein. Es geht um ein behutsames Erspüren, Beobachten und

Seinlassen, um einen bewussten Verzicht auf jedes Reagieren und Interpretieren.

Wenn Sorgen auftauchen, bemerke: Ja, da sind Sorgen. Wenn Traurigkeit auftaucht, bemerke: Ja, da ist Traurigkeit. Wenn Interesse auftaucht, bemerke: Ja, da ist Interesse. Wenn Eifersucht auftaucht, bemerke: Ja, da ist Eifersucht – ohne dich darin jeweils zu verlieren. „Der große Gastgeber" bleibt auf seinem erhöhten Sitz, hat den Überblick und erkennt, welche Bewegungen im Raum des Geistes entstehen und vergehen. Wenn Widerstand aufkommt und die Übung dir schwerfällt, registriere den Widerstand; erlaube ihm zu sein, verzichte auf jede Interpretation, gib ihm Raum und bleibe bewusst. Es ist ein fortwährendes Spiel von Sinneskontakt, Gefühl, Wahrnehmung und Reaktionstendenzen. Sei bewusst darin, ohne etwas aktiv damit zu machen. Wenn Schmerzen auftauchen im Knie oder im Rücken, bemerke: Ja, Schmerzen sind entstanden. Registriere das freundlich und halte die Verbindung zum Atem. Unangenehmes entsteht und Unangenehmes vergeht, Angenehmes entsteht und vergeht.

Erkenne, welche Bewegungen im Geiste entstehen, und erlebe gleichzeitig auch dein Gewahrsein. Das Gewahrsein ist sich seiner selbst bewusst, ist sich der Erscheinungen bewusst. Entspanne dich immer mehr in das Erleben des bewussten Raumes hinein, in das Erleben der Erscheinungen, in die Empfindung des Wandels von Bewusstseinsmoment zu Bewusstseinsmoment. Entspanne dich in das Erleben des großen Flusses hinein. Öffne dann allmählich wieder die Augen und beende die Übung. Versuche, von der Offenheit und Entspanntheit so viel wie möglich in den Alltag mitzunehmen.

Kontemplation: „Die fünf täglichen Betrachtungen“

Alter, Krankheit und Tod sind Naturgesetze, denen wir alle unterworfen sind. Doch allein der Gedanke daran löst bei vielen Menschen Bedrückung oder Angst aus. Der Buddha gab uns im Rahmen der Vorbereitung auf das Unvermeidbare unter anderem *„Die Fünf Täglichen Betrachtungen“*. In der beherzten Konfrontation und im geduldigen Vertrautwerden mit Alter, Krankheit und Tod und den damit möglicherweise zusammenhängenden körperlichen und mentalen Gefühlen bereiten wir uns vor. Eine gute Vorbereitung mindert die Angst und stärkt das Vertrauen. Die Fünf Täglichen Betrachtungen wollen uns sicher nicht in eine bedrückte oder schwermütige Stimmung führen. Sie wollen uns bewusster und wertschätzender für die Segnungen der Gegenwart werden lassen. Und sie wollen die Dringlichkeit zu praktizieren in uns entfalten. Dringlichkeit ist etwas völlig anderes als Druck oder Bedrückung, sie bewahrt uns vor einem halbbewussten Vergeuden der uns zur Verfügung stehenden Zeit und stärkt unsere Willenskraft.

1. „Ich bin dem Altern unterworfen,
ich kann dem Altern nicht entgehen.“

Was löst das Wort „Alter“ in dir aus? Was verbindest du mit dem Alter und Altwerden? Überprüfe bitte bei dir selbst, ob es stimmt, dass du älter wirst. Wenn du in den Spiegel schaust und dein Gesicht, deinen älter werdenden Körper betrachtest – was löst dieser Anblick in dir aus? Und was machst du dann? Schaust du z. B. weg, schminkst du dich, färbst du dir die Haare, gehst du ins Solarium, trägst du geschickt Kleidung, die dich jünger aussehen lässt? Wie gehst du mit dem Älterwerden um? Früher oder später wird der Körper schwächer. Die Leistungen deines Gehirns, deine sexuellen Möglichkeiten und viele weitere Körperfunktionen werden spürbar nachlassen. Der Körper bietet dir kein sicheres zu Hause. Vielleicht gleicht er eher einem Fahrzeug, das du nach einiger Zeit wechselst. Inwieweit bist du einverstanden mit dem Älterwerden und wie viel Abwehr gibt es in dir dagegen? Vielleicht kannst du auch einmal folgende Frage in dein Inneres sinken lassen: Wozu wird der Körper älter, wozu lassen bestimmte Funktionen nach und wozu verblasst seine Schönheit? Vielleicht geschieht das, um dich bewusster werden zu lassen – damit du das Wesen des Körpers durchschaust und die Identifikation mit dem Körper lockerst. Was löst die Frage des Älterwerdens im gegenwärtigen Moment in dir aus – spürst du Angst, Resignation oder eher Inspiration, Ansporn und Dringlichkeit? Angesichts des Nachlassens körperlicher Kraft – was ist jetzt deine Kraftquelle? Und wie zuverlässig ist sie für dich erreichbar? Spüre einmal in dich hinein – erlebe in deiner Vorstellung, wie die Monate und Jahre vergehen und du älter wirst. Dein Körper altert, deine Kraftreserven lassen nach – die dir nahen Menschen altern. Deine Familie verändert sich. Manche Wünsche musst du hinter dir lassen, manche Visionen vielleicht auch. Wie fühlt es sich an, daran zu denken? Frage dich einmal: Wenn das Alter kommt – werde ich dann in Frieden sein? Wie möchte ich sein in meinem Älterwerden? Was möchte ich anderen vorleben? Wenn du deine Gedanken, Gefühle und Antworten auf diese Fragen betrachtest, frage dich einmal: Was bedeutet das für meine Prioritäten heute? Und auf die Frage, wie du mit dem Älterwerden deines Körpers umgehen möchtest: Was führt mich dorthin? Und was führt davon weg? Was wird im Erleben meines Älterwerdens meine Kraftquelle sein? Und wie kann ich den Zugang zu ihr intensivieren? Wo finde ich Trost und Schutz, wohin kann ich mich wenden? Wie nehme ich Kontakt zur Quelle des Trostes und der Kraft auf? Auf welche Weise wird mich die Kraftquelle unterstützen?

2. *„Ich bin der Krankheit unterworfen.*
   Ich kann der Krankheit nicht entgehen."

Auch hier überprüfe bitte, ob das stimmt oder ob du der Krankheit und auch Unfällen wirklich dauerhaft entkommen kannst. Wenn du krank wirst, ist mit unangenehmen Empfindungen zu rechnen. Nicht immer werden Ärzte und Medikamente die unangenehmen Empfindungen auflösen können. Wie gehst du bisher im Allgemeinen mit unangenehmen Empfindungen um? Greifst du zu Tabletten oder Alkohol oder begegnest du ihnen mit Akzeptanz und annehmendem Verständnis? Reagierst du mit Klagen, mit Angst oder Ärger, oder kümmerst du dich um dein inneres Gleichgewicht? Und wie gehst du mit krankheitsbedingten Einschränkungen um? Lösen sie in dir eher Widerstand in Form von Jammern oder Beschuldigen aus, oder gelingt es dir, sie anzunehmen? Was löst diese Betrachtung in dir aus? Wie fühlt es sich an, daran zu denken? Lass auch hier einmal die Frage in dich hineinsinken: Wozu werde ich krank, wozu werden Menschen überhaupt krank? Wenn ich krank bin oder werde – welche Botschaft könnte hinter oder in der Krankheit stecken? Fühle dich nun in das Erleben einer schweren Krankheit oder eines Unfalls hinein – du liegst im Krankenhaus oder in deiner Wohnung und bist ans Bett gebunden. Diese Krankheit mag mit starken unangenehmen Empfindungen einhergehen. Frage dich nun: Wie möchte ich sein? Was möchte ich vielleicht anderen vorleben? Und was führt dahin und was davon weg? Frage dich auch, wo jetzt deine Kraftquelle ist und wo du jetzt Trost findest. An wen oder was kann ich mich wenden? Ist diese Kraftquelle unter den Bedingungen der Krankheit für mich direkt erreichbar? Wie kann ich heute den Zugang zu ihr intensivieren? Wie nehme ich Kontakt mit ihr auf, wie kann ich sie herbeirufen? Was bedeuten diese Antworten für dein Leben und deine Prioritäten heute? Wenn eine schwere Krankheit kommt – werde ich dann in Frieden sein?

3. *„Ein Tag wird kommen, an dem werde ich sterben.*
   Wenn der Tod zu mir kommt, kann ich ihm nicht entgehen."

Was löst der Gedanke an den Tod in dir aus? Der Tod kann zu jeder Zeit zu dir kommen. Viele Menschen sind heute schon gestorben, ohne gestern damit gerechnet zu haben. Gestern waren sie noch wohlauf und in ihrer Kraft. Wenn du heute oder morgen sterben würdest und dich damit auch von deinen Lieben trennen müsstest – wäre für die Hinterbliebenen alles geordnet? Wenn nein – warum nicht? Wenn du morgen sterben müsstest, was würdest du heute noch verändern oder in Ordnung bringen? Und wenn der Tod zu dir kommt – an deinem letzten

Tag – wie möchtest du da sein? Wie soll er dich antreffen? Und wo findest du Trost, an wen oder was kannst du dich wenden? Welche Gedanken kommen dir hierzu, und was führt dahin, was davon weg? Was bedeutet das soeben Erkannte für deine Prioritäten im Alltag?

4. „Alles, was mein und mir lieb ist, wird sich ändern und entschwinden."

Viele Menschen sind schon in dein Leben getreten oder haben deinen Weg gekreuzt. Manche sind dir sehr lieb und wichtig geworden. Sind sie alle noch da? Sind sie alle in der gleichen Weise noch da? Wie sehr kannst du akzeptieren, dass sich auch dich liebende Menschen äußerlich und innerlich verändern? Was löst der Gedanke in dir aus, dass ihr euch eines Tages wieder trennen müsst? Wie möchtest du sein am Tag der Trennung? Wo findest du Trost und Halt? An wen oder was kannst du dich wenden? Und was bedeutet dieser Gedanke für deinen Umgang mit dir lieben Menschen in der Gegenwart? Bedeutet er z. B. mehr Bewusstheit, mehr Wertschätzung und Dankbarkeit, oder führt er zu Angst, zum Klammern oder zum Vermeiden von Beziehungen?

5. „Ich bin der Urheber meines Karmas.
Ich bin eingebettet in mein Karma.
Mein Karma ist mein wahrer Besitz.
Ich bin der Erbe meines Karmas."

All deine Liebe, deine Hilfsbereitschaft, deine Großzügigkeit, dein Üben und Bemühen, all das Gute, das von dir ausging, wird im

Augenblick des Todes wieder da sein und dich tragen. Wenn du stirbst, wirst du begleitet von dem, was du im Leben getan hast und worum du dich bemüht hast. Schaue einmal nach, ob die Prioritäten, die Einteilung deiner Zeit und Energie in deinem Leben richtig geordnet sind, oder ob du etwas verändern möchtest. Und schaue auch auf deine Trost- und Kraftquellen und ob der Zugang zu ihnen für dich leicht und offen ist.

Kontemplation: „Die vier kostbaren Gedanken"

Schließe deine Augen. Richte deine Achtsamkeit auf den Körper. Lege eine Hand auf deinen Bauch. Spüre deinen Körper, deine Hand, deinen Atem und lass dich hiervon beruhigen. Werde dir bewusst, wozu du jetzt sitzt und wozu du lebst, wozu du in diesem gegenwärtigen Moment sitzt und nach innen spürst. Vielleicht möchtest du weiter zur Ruhe kommen, mehr Klarheit in dir finden oder mehr Verständnis für dich und andere entwickeln. Werde dir auch des Wertes deiner Absicht bewusst und dass all deine guten Absichten nicht nur dir, sondern unüberschaubar vielen anderen zugutekommen. Werde dir dessen jetzt bewusst. Indem du dir deine momentan guten Absichten vergegenwärtigst, kannst du dir selbst gegenüber Wertschätzung entfalten. Wenn Gedanken über Vergangenes aufkommen, so gib ihnen jetzt keinen Raum. Lass nicht zu, dass etwas deine Wertschätzung in diesem Moment mindert.

Vergegenwärtige dir nun als Erstes die guten Bedingungen deines Lebens: die gesunden Funktionen deines Körpers, liebe Menschen in deinem Leben, Freunde, Lehrer/Lehrerinnen und ausreichende materielle Gegebenheiten für dich. Du lebst in einem Land, in dem im Wesentlichen Frieden herrscht. Du hast die Möglichkeit, das Dharma zu hören und zu praktizieren. Diese guten Bedingungen dir vor Augen führend kannst du in dir ein Gefühl der Zufriedenheit und Dankbarkeit sich entfalten lassen. Mache dir bewusst, dass diese guten Bedingungen deines Lebens einer Schatzinsel gleichen. Sie ungenutzt zu lassen würde dich einem Bettler gleichen lassen, der nach langen Mühen eine Schatzinsel erreicht, den

Schatz findet, in Händen hält, fallen lässt und mit leeren Händen zurückkehrt.

Nun vergegenwärtige dir das Gesetz von Ursache und Wirkung. Wenn du deinen Atem etwas feiner spürst, wirst du erkennen können, wie er sich auf deinen Körper und deinen Geist auswirkt. Ist dein Atem in diesem Moment unruhig, so wird dein Körper angespannt sein und dein Geist aufgewühlt oder träge, leicht von Gedanken zu besetzen. Beruhigt sich jedoch dein Atem, wird sich dein Körper entspannen und dein Geist sich klären. Der Atemkörper gestaltet den grobstofflichen Körper und der grobstoffliche Körper gestaltet den Geistkörper. Das eine ist die Bedingung für das andere und beide sind nicht voneinander zu trennen. Das Gesetz von Ursache und Wirkung kannst du auch in deinem Wirken erkennen. Was du heute denkst und sagst – auch wie du es sagst – und was du heute tust, bestimmt wesentlich mit, was du morgen erlebst. Indem du heute auf deine Gedanken, deine Worte und dein Verhalten Acht gibst, kannst du deine eigene Zukunft maßgeblich mitgestalten.

Als Drittes vergegenwärtige dir die acht weltlichen Winde. Heute, morgen und in den kommenden Tagen wirst du Lust erleben und auch Schmerz, Gewinn und auch Verlust. Menschen werden dich loben und zu anderen Zeiten kritisieren. Sie werden sich freuen, wenn du da bist, und du wirst Anerkennung erfahren. Zu anderen Zeiten werden sie achtlos an dir vorbeigehen und dich ignorieren. Verlieren, was dir lieb ist, tut weh, und nicht zu bekommen, was du dir wünschst, bringt Enttäuschung. Nichts kannst du wirklich festhalten. Und Wesentliches ist nicht mit dem Verstand zu verstehen. Inmitten dieser Bedingungen zufrieden leben kannst du nur, indem du sie erkennst und annimmst; indem du sowohl die angenehmen als auch die unangenehmen Bedingungen bewusst erkennst und annimmst und sie dir in ihrer bedingten Vergänglichkeit vergegenwärtigst und darin durchschaust.

Als Letzte der vier Betrachtungen richte dich nun auf die Vergänglichkeit aus. Versuche, weniger über die Vergänglichkeit nachzudenken, als sie vielmehr zu erleben. Du kannst dir dafür die Erlebnisse des gestrigen Tages und die damit verbundenen Gefühle, Reaktionen und Verhaltensweisen noch einmal vergegenwärtigen. Was hast du gestern alles erlebt? Sind all die Gefühle und Verhaltensweisen noch da oder bleibt nicht bestenfalls noch die Erinnerung an den gestrigen Tag? Du kannst dich auch auf die Vergänglichkeit deiner momentanen Gedanken ausrichten und sie direkt erleben. Erlebe, wie ein Gedanke entsteht und vergeht und wie sofort der nächste entsteht. Ebenso kannst du die Vergänglichkeit deiner Gefühle erleben. Wie viele Gefühle hast du heute – seit du aufgewacht bist – schon erlebt? Und wo sind diese Gefühle jetzt? Du kannst die Vergänglichkeit dieses Jahres erkennen: Das Knospen und Sprießen im Frühjahr, die Wärme und die Fruchtbarkeit des Sommers, lange Tage und kurze warme Nächte, die kühlen Winde des Herbstes, das Fallen der Früchte, das Welken und Fallen der Blätter, den Frost und Schnee im Winter, lange, eisige Nächte und kurze, trübe Tage, den Rückzug der Natur und wieder einen neuen Frühling mit Knospen, Sprießen und Wachsen, warmen Winden und heller Sonne. Du kannst die Vergänglichkeit, den Wandel, in deinem Leben erkennen. Dein Leben, flüchtig wie ein Tautropfen in der Morgensonne, wie Luftblasen in einem Fluss, wie ein Blitz aus einer Sommerwolke, wie eine ins Wasser gezogene Furche. Der Tag deines Todes ist ungewiss und du scheidest allein aus dieser Welt. Doch da ist noch eine andere Dimension, jenseits von Geburt und Tod, von Wandel und Vergänglichkeit, eine weitere, weite, ja unbegrenzte Dimension in Erfüllung und Glückseligkeit. Du kannst dich um Mitgefühl und um Einsicht bemühen, um den Frieden und das Glück von Nibbana zu verwirklichen.

Richte nun deine ganze Aufmerksamkeit noch einmal auf die Hand auf deinem Bauch, spüre die Bewegungen des Atems in deinem Körper und unter deiner Hand. Erlebe, wie ein Atemzug geboren wird, wie er sich entfaltet, wie das Einatmen sich wandelt in das Ausatmen, der Ausatem langsam stirbt und ein kleiner Moment der Stille erscheint, bis ein neuer Einatem geboren wird. Du kannst in einem einzigen Atemzug einen ganzen Zyklus von Geborenwerden, sich entfalten, Wandlung und Sterben und erneutem Geborenwerden erleben. Fortwährender Wandel. Nichts geht verloren. Alles fließt ineinander … immerfort …

Das Gebet

Das Gebet ist eine altbewährte Form, unser Bewusstsein zu verändern und der Angst wirkungsvoll zu begegnen. Viele von uns haben als Kinder gebetet. Wir hatten möglicherweise eine Vorstellung von Gott als einem gütigen Wesen, das uns sieht, liebt und beschützt. Vielleicht fanden wir – wie ich – in unseren Kindergebeten Trost und Beruhigung und hatten dabei gleichzeitig die Ahnung einer höheren Kraft. Möglicherweise wurden einige unserer Gebete erhört, andere wahrscheinlich nicht. Wir beteten, dass unsere Eltern sich vertragen mögen, aber sie stritten wieder, wir beteten, dass unser Haustier wieder gesund werden möge, aber es starb usw. Jahre vergingen, unser Verstand wurde gut ausgebildet und wir standen mehr oder weniger fest inkarniert im Leben. Unser Verstand denkt in Begriffen. Weil Begriffe begrenzt sind und auf viele wesentliche Fragen keine Antwort kam, ging die Angst als unser Begleiter mit. Mit mehr oder weniger tauglichen Mitteln wie Versicherungen, Macht und Einfluss, Geld und materiellen Gütern versuchten wir die Angst zu „händeln". Je mehr wir uns vom Verstandesbewusstsein und seinen Strategien dominieren ließen, umso weniger Kraft erlebten wir vermutlich im Gebet. Bei manchen ist es eine Not, eine Angst, eine Krise, die sie aufmerken lässt, wenn sie wieder einmal in Kontakt mit hingebungsvoll betenden Menschen kommen. Beten heißt still werden, sich öffnen für subtilere, das Verstandesbewusstsein übersteigende Dimensionen des Lebens.

Horchen auf eine leise Stimme

Als mein Gebet immer andächtiger und innerlicher wurde,
da hatte ich immer weniger und weniger zu sagen.
Zuletzt wurde ich ganz still.

Ich wurde,
was womöglich ein noch größerer Gegensatz zum Reden ist,
ich wurde ein Hörer.

Ich meinte erst, Beten sei Reden.
Ich lernte aber, dass Beten nicht nur Schweigen ist, sondern
hören.

Beten heißt nicht sich selbst reden hören,
beten heißt still werden und still sein
und warten, bis der Betende Gott hört.

Sören Kierkegaard

Beten heißt in meinem Verständnis, eine Brücke zu kreieren von der Welt des Gewohnheitsbewusstseins zur unbeschreiblichen überweltlichen Dimensionen. Eine Sangha-Freundin, die ich im Sterben begleitete, bemerkte kurz vor ihrem Tod: „In meinen Gebeten falle ich aus der Zeit.“

Für mich sind Gebet und Meditation sehr eng verwandt. Beide führen ins direkte Erleben, in beiden ist die Hingabe und Sammlung enthalten, auf beiden Wegen erschließen wir uns ein feineres Bewusstsein und erfahren in der Folge feinere Realitätsebenen. Gebet ist möglicherweise eine Spur gerichteter als Meditation, diese ist vielleicht ein wenig empfangender. Beide haben zu tun mit einem Zurücktreten der Ich-Bezogenheit. Kommen Sammlung und Hingabe zusammen, sei es durch Gebet oder Mediation, wird direktes Erleben möglich.

Wenn du aus der Angst heraus ins Gebet gehst, dann spüre zunächst deine Angst und dahinter deine Sehnsucht nach Schutz, Geborgenheit und Zugehörigkeit. Vielleicht visualisierst du ein Bild, eine Farbe oder eine Gestalt, zu der du eine fühlende Verbindung entwickeln kannst. Lass alle fixierenden Vorstellungen von Gott, von Heiligen, von den Bodhisattvas usw. los. Das Verstandesbewusstsein will immer alles einordnen, es zu „etwas“ machen und ihm einen Identitätsstempel verpassen. Tritt das Verstandesbewusstsein zurück, öffnet sich die Tür zum Erleben von Verbundenheit und Geborgenheit.

> Derjenige, der sich verbeugt, und derjenige, vor dem sich verbeugt wird, sind beide ihrer Natur nach leer.[28]
>
> Thich Nhat Hanh

---

[28] Eine andere Möglichkeit der Widergabe ist: Derjenige, der sich verbeugt, und derjenige, vor dem sich verbeugt wird, sind nicht getrennt, darum ist die Kommunikation zwischen ihnen vollkommen.

Mit „leer“ ist gemeint, dass sie keine getrennte Realität, kein isoliertes Selbst haben. Wenn es dir möglich ist, beginne mit einem Dankgebet. Schaue auf das, was da ist, was dir in diesem Moment gewährt wird. Dank verändert und weitet die Perspektive und öffnet dein Herz. Meister Eckhart bemerkte: „Wäre das Wort ‚Danke‘ das einzige Gebet, das du je sprichst, so würde es genügen.“

In Momenten der Herzöffnung, mit einem zur Ruhe gekommenen Geist, kannst du etwas wie Hingabe und Verbundenheit erleben. Immer weniger betet dann ein Ich mit seinen Gedanken und Beurteilungen, mit seinen Konzepten und seiner Anstrengung, stattdessen geschieht eine Ausrichtung auf Höheres, auf die göttliche, die transzendente Dimension.

> Lernen Sie das Unbewegliche im Beweglichen, das Unveränderliche im Veränderlichen zu unterscheiden, bis Sie schließlich erkennen, dass alle Unterschiede nur Erscheinungen sind und die Einheit eine Tatsache ist. Diese Einheit können Sie Gott oder Ursubstanz bezeichnen, die Worte spielen dabei keine Rolle.
>
> Nisargadatta Maharaj

Das Gebet führt zu einer Verbindung nach innen, zu einem Ort, den die Mystiker den „Inneren Tempel“, den „Heiligen Ort“ genannt haben, und zu einer Verbindung nach außen zu einem Bereich, der größer/höher ist als alle Vernunft. Das kann uns sehr helfen und der Angst den Boden entziehen.

Beten

Um ins Gebet zu kommen, ist es wichtig, dass du zunächst die eigene Sehnsucht spürst, um dann eine für dich stimmige, unterstützende Gebetshaltung einzunehmen. Vielleicht möchtest du dich verbeugen, dich niederknien oder eine Niederwerfung vollziehen, vielleicht auch eine für dich bequeme Sitzhaltung einnehmen. Deine Hände kannst du falten oder eine Hand auf die Herzgegend etwa in der Mitte der Brust legen. Auch die in Asien gebräuchliche Haltung, bei der beide Handflächen vor der Brust zusammengelegt werden, mag für dich hilfreich sein. Ein Altar, eine Statue, Blumen, bestimmte Bilder oder Fotos, Räucherwerk oder Ähnliches können unterstützend darin sein, dass sich dein Geist über die gewöhnlichen Alltagsdinge erheben kann. Alle äußeren Hilfsmittel sind dazu da, deine Sammlung und Bewusstheit zu unterstützen und das Fühlbewusstsein zu aktivieren. Dieses kann dich mit subtilen Dimensionen des Erlebens in Verbindung bringen. Wenn es für dich hilfreich ist, kannst du dir auch ein inneres Bild vor deinem geistigen Auge visualisieren. Du kannst dir eine persönliche Gottesvorstellung vor dein inneres Auge rufen, dir den Buddha in reiner Lichtgestalt etwa eine Armlänge entfernt vor dir vorstellen oder eine andere Wesenheit, mit der du durch und durch Gutes und Liebevolles verbindest. Das Gebet kannst du damit beginnen, dich auf das Gute in deinem Leben auszurichten und zuzulassen, dass sich ein Gefühl der Dankbarkeit in dir entfaltet. Es geht dabei um Wertschätzung und um einen Wechsel bzw. um eine Weitung deiner Sicht auf dein Leben, und es geht um eine Öffnung des Herzens. Wertschätzung und die damit verbundene Weitung der Perspektive beruhigen und entspannen den Geist, denn sie vermindern gleichzeitig unsere Ichbezogenheit.

Im nächsten Schritt des Gebets kannst du dich auf das Bitten ausrichten. Doch verwechsle Bitten nicht mit Betteln um die Erfüllung ich-zentrierter Wünsche. Auch einer höheren Wesenheit vorzuschlagen, was sie zu tun hat, hat nichts mit Beten zu tun. Etwas Bestimmtes für dich erbetteln zu wollen entspringt dem Verstandesbewusstsein und schafft Trennung gerade da, wo du doch Verbindung zu einem höheren Wesen oder einer erhabenen Dimension wünschst. Eine Bitte in deinem Gebet könnte etwa lauten:

„Bitte hilf …“ oder
„Bitte gib mir Klarheit/Kraft …“

In manchen buddhistischen Meditationen und Ritualen wird der Wunsch formuliert: „Mögen alle Wesen glücklich sein.“ Dominiert bei dieser Praxis das Verstandesbewusstsein, so kommen dir möglicherweise Gedanken in den Sinn wie: „Alle Wesen, das heißt alle Menschen, Tiere usw. sollen glücklich sein – das ist doch unmöglich, also lass ich es doch einfach.“ Das Wesentliche dieses Wunsches ist für das Verstandesbewusstsein unzugänglich. Wenn du meditierst, kontemplierst oder betest: „Mögen alle Wesen glücklich sein“, dann versuche, die Größe und Schönheit dieses Wunsches im Herzen zu fühlen, und gib dich der Wiederholung dieses Gebets mehr und mehr hin; das heißt, lass, soweit es dir möglich ist, ab von Konzepten und Vorstellungen über gewünschte Resultate, lass dich stattdessen in das Gebet gewissermaßen hineinfallen. In deinem Beten solltest du nichts Bestimmtes erwarten; lass es eher ein Lauschen sein, ein Stillwerden, ein lauschend in Beziehung Gehen, ein sich Öffnen und Weiten. Im Gebet kannst du deine gewöhnliche Erfahrungswelt mit der Überwelt, der unbeschreiblichen göttlichen Dimension des Seins, verbinden.

Verweile am Ende noch eine Weile in einem Zustand der Achtsamkeit und Sammlung, bevor du dich wieder den Dingen des Alltags zuwendest.[29]

Praxis mit dem Körperfühlbewusstsein

Grundlegend, um in Nähe und Verbundenheit zu uns selbst zu gelangen und somit zu mehr innerer Balance, ist immer die Körpereinfühlung. Je tiefer wir im Körperbewusstsein gegründet sind, umso größer wird die Lücke zwischen unserer Wahrnehmung der Außenwelt und unserer darauf folgenden Reaktion. Aus ihr ergibt sich eine Wahlmöglichkeit, wie wir reagieren wollen. Indem wir mehr in unsere Autonomie zurückfinden, reduziert sich das Potential für aufkommende Ängste. Begegnungen mit anderen Menschen werden weniger anstrengend, im Gegenteil: Es wächst ein Erleben von Verbundenheit und Verwandtschaft.

---

[29] Diese Anleitung zum Gebet ist meinem Buch *Buddhas Geschenk der Geborgenheit* entnommen, S. 94 f.

Wenn Psychologen und Soziologen betonen, dass in den westlichen Kulturen Ängste und Angsterkrankungen ständig zunehmen, hat dies sicher auch mit der Dominanz des Verstandesbewusstseins und des Ich-Bewusstseins zu tun. Dieses siebte Bewusstsein (Klesha-Bewusstsein) „setzt" sich auf das Verstandesbewusstsein und glaubt an ein dauerhaftes greifendes „Ich". Aus der Verbindung des sechsten und siebten Bewusstseins, also einem ich-zentrierten Verstandesbewusstsein, müssen wir ständig unterscheiden, was ich und meins ist und was nicht. Da wir aus der Dominanz dieser beiden Bewusstseinsarten ständig fixieren und trennen, sind wir nicht in Kontakt mit der veränderlichen, flüssigen Qualität aller Erscheinungen. Je mehr das sechste und siebte Bewusstsein unsere Basis sind, umso weniger sind wir in einer wahrheitsgemäßen Sicht, denn Vergänglichkeit und Wandel sind nun einmal Daseinsmerkmale. Je mehr wir die Verbindung zur Wahrheit verlieren, umso eher wird sich eine subtile Traurigkeit einstellen und ein Nährboden für Angst ausbreiten. Wir versuchen dann meist, unser Unerfülltsein mit Tun und Haben zu kompensieren. Mit dem aktivierten Tun-Modus und einer entsprechenden Geschäftigkeit, vor allem des Geistes, versuchen wir das zu bekommen, wovon wir uns Glück versprechen, und zu vermeiden, was wir nicht mögen. Da uns dies aber nie vollkommen und dauerhaft gelingt, sind wir ständig in Unruhe und subtiler oder deutlicher Angst. Ein wesentlicher Schritt in Richtung Angstlosigkeit besteht demnach darin, ein ausgewogenes Verhältnis von Verstandesbewusstsein und Fühlbewusstsein herzustellen.

Identifikation mit dem Körper lösen

Wie wir in Teil I und II schon gehört haben, ist unsere stärkste Identifikation die mit unserem Körper. Bereits in frühester Kindheit entsteht die lebenslange Überzeugung: „Ich bin der Körper." Wenn wir sagen: „Ich bin zu dick oder zu groß/zu klein", meinen wir in Wirklichkeit, dass der Körper nach unseren Vorstellungen zu dick oder Ähnliches ist. Wenn wir über jemanden sagen: „Er/sie sieht gut aus", meinen wir im Allgemeinen damit bestimmte Eigenschaften des Körpers. Wir definieren uns über unsere Form und nicht über unser tiefes Sein, unsere Seele. Je stärker diese Identifikation, umso größer wird die Angst, wenn der Körper unkontrollierbar das Kommando übernimmt und Forderungen stellt.

Vor einiger Zeit gab ich einen Kurs im „Haus der Stille" in Roseburg. Eines Nachts wachte ich von heftigen Bauchschmerzen in Verbindung mit Erbrechen auf und verbrachte die restlichen Stunden der Nacht auf der Toilette. „Okay, bis 05:30 Uhr dürfen wir hier sitzen", sagte das Konzeptbewusstsein zum Körper, „aber um 06:00 Uhr zur ersten Meditation sind wir wieder in der Meditationshalle." „Das wirst du vermutlich nicht zu entscheiden haben", sagte darauf der Körper zum Bewusstsein und beide blieben mit kurzen Unterbrechungen bis 08:00 Uhr sitzen.

Im Dhammapada heißt es im ersten Vers:

> Vom Geist geführt die Dinge sind,
> vom Geist beherrscht, ...

In jener Nacht war es bei mir der Körper, der die Dinge führte.

Was ist der erste Schritt, um sich in einer solchen Situation von der Vorherrschaft des Körpers zu befreien? Nach meiner Erfahrung ist er in solchen Momenten Akzeptanz und Hingabe. Hingabe, das heißt Ablassen vom Widerstand gegen das, was bereits da ist. Hingabe ermöglicht bei allen unangenehmen seelischen oder körperlich schmerzhaften Zuständen den Zugang zu etwas Tieferem, zu einer weiteren Dimension in uns.

Zurzeit begleite ich wieder einen Menschen in schwerer Krankheit. „Das Einzige, was hilft, mit den Einschränkungen umzugehen, die der Körper mir aufzwingt, ist Hingabe. Es ist für mich nicht einfach, aber es gibt momentan keinen anderen Weg, den Schmerzen, der Schwäche, der bleiernen Müdigkeit und Hilfsbedürftigkeit des Körpers wirkungsvoll zu begegnen“, sagte er eines Tages. Manche Menschen lehnen den Körper ab, lehnen die Sinnesfreuden ab, die er ja auch ermöglicht, wenn sie gehört haben: „Die Identifikation mit dem Körper ist die Wurzel aller Schwierigkeiten. In Wirklichkeit bin ich gar nicht der Körper.“ Der Weg zum Verständnis, zur rechten Sicht, beginnt mit der Entfaltung von Achtsamkeit im Sinne eines liebevollen Interesses. Ein liebevolles Interesse überhört und ignoriert den Körper nicht, sondern widmet ihm Aufmerksamkeit und Fürsorge, um ihn tiefer zu verstehen.

> Es gibt nichts, was dir sein Geheimnis nicht enthüllen wird,
> wenn du es nur genug liebst.
>
> George W. Carver

Was ist das Geheimnis des Körpers? Ein Geheimnis ist z. B., dass die Erscheinungsweise des Körpers nicht identisch ist mit seiner Seinsweise. Die Erscheinungsweise, das sind bestimmte sichtbare und benennbare Merkmale. Um die Seinsweise des Körpers zu erkennen, ist es notwendig, sich in ihn einzufühlen, ohne etwas Bestimmtes zu erwarten. Wir fühlen uns, z. B. auf dem Wege unserer geleiteten Meditationen, ein, ohne vorschnell etwas wissen zu müssen, ohne gleich Sinn zu schaffen. Wir schließen die Augen und finden heraus, ob Leben in unseren Händen, Füßen usw. ist. Wir fühlen uns ein in die innere Lebendigkeit, die zwar mit dem grobstofflichen Körper verbunden, aber nicht von diesem abhängig ist. Indem wir mit feineren Ebenen des Körpers in Kontakt kommen, identifizieren wir uns weniger mit dem grobstofflichen Körper. In der Folge werden uns Alter, Krankheit und Tod, die ja den grobstofflichen Körper in seiner Erscheinung, Funktionsfähigkeit und Existenz bestimmen, nicht mehr völlig aus der Balance bringen.

Körpereinfühlung

Die Unzufriedenheit mit ihrem „äußeren“ Körper und seinen alters- oder krankheitsbedingten Veränderungen ist für viele Menschen mit schnell auftauchender Unsicherheit und Angst verbunden. Wenn wir ein tieferes Verständnis für die verschiedenen Ebenen des Körpers entwickeln und erkennen, wie sie alle miteinander verbunden sind und sich in ununterbrochener Bewegung befinden, lockert sich die Identifikation mit dem grobstofflichen Körper.

Unsere Körpermeditationen beginnen mit der bewussten Wahrnehmung der momentanen Stellung des Körpers (sitzend, liegend, stehend). So gut wie möglich entspannen wir dann den Körper und fühlen uns systematisch ein in Hände, Füße, Arme, Beine …, bis wir uns den ganzen Körper fühlend erschlossen haben. Dabei achten wir nicht nur auf gröbere Wahrnehmungen wie Druck oder Schmerz, sondern bewegen uns in unserem Spüren in Richtung feinerer Vibrationen, verschiedener Formen des Strömens bis zum Erleben von Energie. Jeder Schritt in Richtung Verfeinerung ist verbunden mit einer weiteren und befreienden Sicht. Verstehen wir den Körper als Übersetzer der Seele ins Sichtbare, verstehen wir auch, wie bedeutsam es ist, uns achtsam für seine Sprache zu öffnen.

Manche Symptome des grobstofflichen Körpers fungieren in Bezug auf Angst wie eine Wünschelrute. Der Körper signalisiert uns entsprechende Erscheinungen, eventuell bevor es uns bewusst wird: Angstschweiß, feuchte Hände, weiche Knie, blasse oder rote Haut, belegte Stimme, Übelkeit, Herzrasen, Durchfall, um nur einige Symptome zu nennen.

Jeder von uns kennt das Barometer als Messinstrument für den Luftdruck. Über das Barometer bekommen wir gute Informationen über das in den folgenden Tagen zu erwartende Wetter. Auch unseren Körper können wir als so ein empfindliches Instrument nutzen, um sensible Informationen zu bekommen, wie die Dinge stehen und womit zu rechnen ist. Dazu fühlen wir uns ein in einen Körperteil, der für uns typisch empfindlich auf Schwierigkeiten, z. B. Angst, reagiert. Das können unsere Schultern, Brust- und Bauchraum oder auch die Augengegend sein. Nun gilt es, sich mehrmals am Tag in diesen Bereich einzufühlen: Erleben wir dort etwas wie Spannung, Unbehagen oder eher Entspannung und Wohlgefühl? Wie stark sind diese Empfindungen und wie verändern sie sich? Je mehr Übung wir im Ablesen des Körperbarometers entwickeln, desto subtilere Unterschiede werden wir wahrnehmen. Auf diese Weise bekommen wir frühzeitig detaillierte Informationen, wie wir uns von Moment zu Moment fühlen.

Meditation: Ich bin Leben

Gehe mit deiner Aufmerksamkeit zum Atem. Spüre, wie der Atem in den inneren Raum strömt. Spüre zunächst die Bewegungen, die der Atem im Brustkorb auslöst. Der Brustkorb, das ist das Brustbein vorn und die Rippen zur Seite und nach hinten bis zur Brustwirbelsäule. Spüre, wie der Atem den Brustkorb beim Einatmen dehnt und welche körperlichen Empfindungen damit verbunden sind. Und spüre, wie sich mit dem Ausatmen der Brustkorb senkt und auch damit körperliche Empfindungen verbunden sind. Lerne diese körperlichen Empfindungen jetzt einmal gründlich kennen. Über das Spüren der Bewegungen des Brustkorbs kommst du in das Erleben der Lebendigkeit im Brustraum.

Richte die Aufmerksamkeit jetzt auf den Brustraum. Der Brustraum ist der Raum, der vom Brustkorb begrenzt und beschützt wird. Brustbein, Rippen, Wirbelsäule und nach unten das Zwerchfell umschließen und beschützen den Brustraum. Folge dem Atem, den Empfindungen des Atems in den Brustraum und fühle dich in den Brustraum ein. Was erlebst du dort? Druck, Härte, feinere Bewegungen, Vibrationen oder etwas anderes, aber verzichte auf jede Erklärung. Möglicherweise spürst du gar nichts im Brustraum, dann mache dir keine Sorgen. Bleibe da, fokussiere die Aufmerksamkeit etwas mehr.

Bleibe in der Empfindung des Atems und erlebe die Energie im Brustraum. Spüre, wie sich die Energie, die Vibrationen des Atems mit der Energie im Brustraum verbinden, so wie Wasser in Wasser fließt. Ist der Geist sehr aufgewühlt, sehr unruhig, kehr zurück zu den Empfindungen im Brustkorb. Diese Empfindungen sind gröber und somit leichter zu spüren. Lass dich beruhigen und kehre zurück in den Brustraum.

Gehe mit deiner Aufmerksamkeit langsam weiter nach unten zum Bauch. Verliere dabei nicht die Verbindung zum Atem und spüre zunächst, wie sich mit dem Einatmen die Bauchdecke dehnt und weitet und im Ausatmen wieder entspannt. Und bemerke die damit verbundenen körperlichen Empfindungen in den Bauchdecken vorn, in den Flanken zur Seite und im unteren Rücken samt der Wirbelsäule hinten. Auch hier gilt: Das Erleben der atemabhängigen Bewegungen in den Bauchdecken (und der damit verbundenen Empfindungen) bringt dich schneller in die Empfindung der Lebendigkeit, des Lebens im Bauchraum. Spüre die körperlichen Empfindungen, lerne sie gründlich kennen. Wenn das für dich schwierig wahrzunehmen ist, verstärke die Tiefe deines Atems, sodass die Dehnung noch etwas mehr unterstützt wird. Experimentiere mit dem Atem, finde heraus, was du brauchst, um die Flanken und die Wirbelsäule hinten zu spüren. Zusätzlich kannst du noch eine Hand zu Hilfe nehmen und auf deinen Bauch legen. Die Berührung der Hand wird dich unterstützen. Halte die Aufmerksamkeit dort, wo du sie haben willst.

Fühle dich langsam in deinen Bauchraum ein, der von der Bauchdecke, den Flanken, der Wirbelsäule, dem Beckenboden unten und dem Zwerchfell oben umhüllt und beschützt wird. Was erlebst du im Bauchraum? Deutliche oder subtile Bewegungen, vielleicht Druck, Wärme …, was auch immer. Lass dich ein in den Bauchraum, nimm dazu den Atem zu Hilfe. Die Energie des Atems fließt in den Bauchraum, verschmilzt mit der Energie dort. So wie Wasser in Wasser fließt. Wenn du nichts spürst, mache daraus kein Problem. Versuche nur, die

Aufmerksamkeit noch etwas mehr zu fokussieren. Lass dich vom Atem führen. Folge nicht deinen Gedanken, sondern bleib mit deiner Aufmerksamkeit im Bauchraum.

Gehe mit deiner Aufmerksamkeit nun langsam weiter nach unten zu deinen Beinen. Spüre die Anwesenheit und die Stellung der Beine und schaue einmal, ob du den Atem bis in die Beine hin spüren kannst.

Gehe weiter zu deinen Füßen und spüre die Anwesenheit und Stellung der Füße. Fühle dich nun in die Füße ein mit der Frage: Sind die Füße lebendig? Spüre das Leben in den Füßen. Leben ist Wärme. Alles, was lebt, hat Wärme. Leben ist Bewegung. Spürst du die Wärme, spürst du vielleicht subtile Vibrationen, ein Strömen oder noch subtilere Bewegungen in den Füßen? Leben ist Energie. Lass dich jetzt nicht festhalten von Vorstellungen und Wissen über deine Füße. Wenn Bilder über deine Füße auftauchen, schenke ihnen keine Beachtung, sondern versuche, deine Füße mehr als Energiefelder wahrzunehmen. Lass zu, dass sich die Wahrnehmung eventuell etwas verändert in Richtung Ausdehnung und Verschmelzung der Grenzen.

Fokussiere deine Aufmerksamkeit langsam auf die Fersenballen. Spüre die Wärme in ihnen, die Energie. Wenn es dir möglich ist, visualisiere nun links und rechts eine rote Energiekugel in den Fersen zur Unterstützung deiner Empfindung. Wenn dir die Visualisierung nicht möglich ist, bleibe in der Empfindung der Energie in den Fersen.

Wandere nun mit deiner Aufmerksamkeit langsam von den Fersen nach oben bis in die Sprunggelenke. Schaue nicht mehr von außen darauf, sondern bemühe dich bewusst, sie mehr von innen zu fühlen. Spüre, wie die Energiewelle mitwandert und die Sprunggelenke füllt. Beachte auftauchende Gedanken nicht. Werde vertraut mit dem Leben in den Sprunggelenken und nun, nach oben weiter gehend, mit dem Leben in den Unterschenkeln. Wandere langsam die Beine hinauf und spüre die Unterschenkel von innen, spüre das Leben in ihnen.

Lass in deiner Vorstellung die Energiekugeln langsam nach oben wandern bis in die Kniegelenke. Schenke deinen Kniegelenken vollkommene Einfühlung – sie werden es dir danken. Alles, dem du Einfühlung schenkst, wird darauf antworten, sich bedanken.

Die Reise geht weiter nach oben zu den Oberschenkeln. Fühle deine Oberschenkel von innen und lass die Energiekugeln nach oben bis zu den Hüftgelenken mitwandern. Komme mit deiner Aufmerksamkeit langsam bei den Hüftgelenken an und visualisiere, wie jedes Hüftgelenk von einer roten Energiekugel ausgefüllt wird. Wenn das für dich in der Imagination nicht möglich ist, bleibe in der Empfindung der Hüftgelenke von innen, ohne viel darüber wissen zu müssen. Spüre das Leben in den Hüftgelenken.

Von den Hüftgelenken ausgehend wandern die Energiekugeln mit deiner Aufmerksamkeit in den Unterbauch und verschmelzen hier zu einer Energiekugel. Deine Aufmerksamkeit, ob mit oder ohne diese Imagination, ist im Unterbauch. Spüre das Leben hier. Ist das für dich sehr schwierig, nimm eine Hand zu Hilfe und lege sie auf den Unterbauch. Spüre das Leben in der Hand, die Energie der Hand, und lass deine Aufmerksamkeit dann von der Hand in den Unterbauch wandern. Energie verbindet sich mit Energie.

Lass sich die Aufmerksamkeit nun vom Unterbauch auf den ganzen Bauchraum ausweiten. Spüre das Leben im Bauchraum. Lass deine

Einfühlung immer subtiler werden. Bemerke auch, ob du das Leben gleichermaßen im Bauchraum spüren kannst oder ob es bestimmte Bereiche gibt, z. B. die Chakren, in denen Empfindungen leichter wahrzunehmen sind. Wenn du gar nichts spürst, mache daraus kein Problem, aber bleibe mit deiner Aufmerksamkeit dort. Lass den Bauch jetzt nicht im Stich, es ist eine kostbare Gelegenheit, die Energien im Bauchraum allein durch deine achtsame Einfühlung zum Fließen zu bringen und damit Selbstheilungskräfte zu aktivieren. Du musst nicht benennen oder erklären, was du fühlst, lass dich stattdessen immer feiner ein. Zur Unterstützung kannst du gerne eine oder beide Hände zu Hilfe nehmen und zur vertiefenden Einfühlung auf deinen Bauch legen.

Nun lass deine Aufmerksamkeit sich vom Bauchraum nach oben zum Brustraum ausweiten. Spüre gleichzeitig das Leben im Bauch- und im Brustraum. Folge nicht deinen Gedanken, bleibe bitte in der Einfühlung und spüre gründlich das Leben im Bauch- und im Brustraum. Bleibe dabei entspannt und auch in der Empfindung des Atems. Es geht nicht darum, etwas herauszufinden, es geht darum, sich einzulassen, sich auf ein immer feineres Erleben einzulassen.

Dehne nun die Aufmerksamkeit weiter auf den ganzen Körper aus. Spüre das Leben im Körper. Schenke Gedanken keine Beachtung. Lass dich immer feiner ein. „Ich bin Leben." Lass die Grenze zwischen Beobachter und Beobachtetem, zwischen Fühlendem und Gefühltem sich immer weiter auflösen, hin zu einem Erleben von „Ich bin Leben", „Ich bin". Werde zum Erleben selbst, nicht mehr, irgendjemand zu sein, sondern nur zu sein. Lass dich ein auf die Annäherung an die unbegrenzte, ewig weilende Dimension unseres Seins. „Ich bin Leben."

Verbinde dich nun langsam wieder mehr mit dem grobstofflichen Körper. Balle langsam deine Hände zu Fäusten – entspanne sie wieder – und spüre das Gewicht des Körpers auf dem Boden ruhen. Nimm den Boden in seiner Festigkeit wahr, spüre, dass die Erde dich trägt. Nimm die Geräusche hier im Raum wahr, zähle zehn Atemzüge rückwärts: zehn, neun, acht usw. Bei eins angekommen, öffne deine Augen und erkenne Farbe und Form des Bodens vor dir.

Die Praxis mit dem Wohlfühlort

Ich weise meine Schülerinnen und Schüler immer wieder an, sich ein oder zwei Bereiche in ihrem Körper zu suchen, wo sie sich leichter einfühlen können. Diese Bereiche können ebenso in den Händen und Füßen liegen wie in den Energiezentren des Körperstamms oder der Wirbelsäule. Durch das tägliche Üben wird der Zugang zu diesen körperlichen Wohlfühlorten so gebahnt, dass er in herausfordernden und potentiell angstauslösenden Situationen sofort zugänglich ist. Sind wir mit einem Teil unserer Aufmerksamkeit fühlend mit dem körperlichen Wohlfühlort verbunden, kann eine bedrohlich wirkende Außenwelt uns nicht mehr völlig vereinnahmen.

Diese Übung kann dir helfen, deinen Wohlfühlort im Körper zu finden. Der Wohlfühlort ist ein Bereich in deinem Körper, den du leicht und gerne spürst, an dem du mit deiner Wahrnehmung gerne verweilst. Du fühlst dich dabei wohl und es fällt dir leicht, mit dir selbst zu sein. Gib dir nicht vor, wo dein Wohlfühlort sein soll. Vielleicht ist er im Brustraum, vielleicht aber auch an einer ganz unerwarteten Stelle, in der Wirbelsäule oder in den Beinen oder Händen. Versuche spürend herauszufinden: Wo ist mein Wohlfühlort?

Meditation: Die Wohlfühlort-Praxis

Nimm deine Meditationshaltung oder eine andere bequeme aufrechte Haltung ein. Schließe die Augen und spüre, dass du atmest. Spüre, wie der Atem in den Körper hineinströmt und wie er ihn wieder verlässt. Lass jetzt die Dinge um dich herum in den Hintergrund treten. Lass das Erleben vom Hinein- und Hinausfließen des Atems für diesen Moment das Wichtigste auf der Welt sein. Praktiziere so einige Minuten.

Verbinde dich nun mit deinem Brustraum. Spüre, wie der Atem den Brustraum sanft dehnt und hebt. Spüre allmählich tiefer in den Brustkorb hinein. Versuche, den Brustraum von innen zu fühlen. Versuche dabei nicht, etwas herauszufinden, zu erreichen oder zu bewirken – komme nur fühlend in Verbindung mit dem Brustraum. Wenn Gedanken dich besetzen wollen, spüre wieder mehr, wie der Atem den Brustkorb dehnt und hebt.

Verbinde dich nun mit deinem Bauchraum. Auch hier spüre zunächst, wie der Atem die Bauchdecken dehnt und weitet und dann wieder sinken lässt. Fühle allmählich den Bauchraum von innen. Erlebe geduldig, dass immer wieder Gedanken auftauchen, aber versuche, sie nicht weiter zu beachten. Gehe nun mit deiner Aufmerksamkeit zu deinem Rücken. Spüre die Wirbelsäule. Vielleicht spürst du den Zentralkanal, vielleicht die Energie im Zentralkanal.

Begib dich mit deiner Aufmerksamkeit nun in den Bereich des Körpers, in dem du dich jetzt am wohlsten fühlst. Lass dir Zeit, diesen Bereich zu finden. Vielleicht ist er im Unterbauch oder in der Nähe des

Sonnengeflechtes unterhalb des Zwerchfells. Vielleicht ist er im Brustraum, vielleicht in der Gegend des Zentralkanals …

Wenn du einen solchen Wohlfühlort gefunden hast, dann lass dich hier tiefer ein. Folge keinen Vorstellungen, sondern verweile spürend. Vielleicht spürst du Ruhe, Wärme, Energie, Weite, erlebst Gegenwärtigkeit. Verweile, ohne etwas beschreiben zu wollen. Wenn Gedanken dein Spüren überlagern, dann akzeptiere das. Akzeptiere, dass es noch einer Weile geduldigen Wartens bedarf. Mache kein Problem daraus. Lass dir Zeit, fühlend zu verweilen. Sei mit dir in deinem Wohlfühlort. Erlebe zu sein.

Spüre jetzt wieder deinen Körper. Spüre den Atem. Mögen alle Menschen einen Wohlfühlort in sich finden.

Praxis mit den Chakren

Heutzutage sind viele Menschen sehr oberflächlich „verkörpert“, es dominiert sehr stark das Verstandesbewusstsein, und dadurch sind die Menschen in Distanz zu sich selbst. Zu erleben, dass wir von uns selbst getrennt sind, ist mit Unsicherheit und Angst verbunden. Wo Angst ist, kommen schnell auch Aggressionen oder Depressionen ins Spiel. Wenn wir uns verändern wollen, müssen wir auf tieferen Ebenen in direkten Kontakt mit uns kommen. Solange wir nur über unsere Ängste sprechen, ändert sich nichts nachhaltig. Die Chakra-Praxis gibt uns die Möglichkeit, uns innerlich tiefer zu verbinden. Der Begriff *Chakra* stammt aus dem Sanskrit, der altindischen Gelehrtensprache, und bedeutet so viel wie „Rad“ oder „Wirbel“. Chakren sind nichts Mysteriöses, sondern Zentren verdichteter Energie im Körper. Detaillierte Erklärungen zu den Chakren finden sich sowohl in den 5 000 Jahre alten Veden und in der tibetischen Kultur als auch bei Goethe und Rudolf Steiner. Nicht so wichtig ist die Theorie über die Chakren, viel wichtiger ist es, sie zu spüren. Allerdings werden wir die Chakren selbst erst einmal nicht im Detail spüren können, dazu braucht es ein sehr geschultes und verfeinertes Bewusstsein. Es reicht, die Chakra-Gegenden zu spüren. Dazu können wir bestimmte Atemtechniken ebenso nutzen wie Farbvisualisierungen oder das Lauschen und Spüren von Klängen und deren Vibrationen. Chakra-Energien sind in uns ganz natürlich vorhanden, sie müssen nicht erzeugt werden. In unserer Praxis lernen wir, sie auszubalancieren und zu nutzen. Im Zusammenhang mit Unsicherheit und Angst gilt es besonders, mit den Bauchchakren und dem Herzchakra zu praktizieren. Wir kommen dann in eine andere, tiefere Identität, als es die Ich-Identitäten sind. Es ist möglich, durch diese Praxis mit den Energiezentren mehr Sicherheit und Stabilität in sich zu finden, bei gleichzeitig großer Offenheit und Unbefangenheit nach außen.

Durch die Praxis mit den Chakren können wir uns noch feiner in den Körper einfühlen und dadurch zu einem noch tieferen Bewusstsein gelangen. Wie weiter oben bereits beschrieben, ist jeder Schritt in Richtung Verfeinerung mit einer weiteren und befreienden Sicht verbunden. Je feiner das Körperbewusstsein, desto feiner das Geistbewusstsein. Je mehr wir auch auf feinstofflicher Ebene fühlend mit uns in Verbindung sind, umso tiefer sind wir gegründet. Z. B. hilft uns die Energie der einfühlsamen Präsenz zu verhindern, dass Gefühle den Geist besetzen und unser Verhalten kontrollieren. Unterstützt wird diese Haltung, wenn wir lernen, uns fühlend in der Nabelchakra-Gegend, also im Bauchraum, zu gründen. Indem wir die Energiesteuerung im Körper verändern, z. B. durch achtsame Einfühlung in die Energiezentren (Chakren) des Körpers, können wir maßgeblich unser Erleben verändern.

In jedem Chakra fließen Tausende feinstofflicher Energiebahnen (Sanskrit: nāḍis) zusammen und leiten die feinstoffliche Energie in den ganzen Körper weiter. In der yogischen Tradition wird von sieben Hauptchakren gesprochen, während die tibetische Tradition die zwei untersten Chakren (Wurzel- und Sakralchakra) im „Unterbauchchakra" und die beiden obersten im „Kopfchakra" zusammenfasst. Hier sind die sieben Hauptchakren mit ihren zentralen Themen zur Übersicht aufgeführt:

Wurzelchakra (Mūlādhāra)	Urvertrauen, Sicherheit, Lebenswille
Sakralchakra (Svādhiṣṭhāna)	Sinnlichkeit, Lebensfreude, Sexualität
Nabelchakra (Maṇipūra)	Willensstärke, Ich-Präsenz, Selbstvertrauen,Gefühle
Herzchakra (Anāhata)	Unbedingte Liebe, Mitgefühl, Herzensgüte
Kehlchakra (Viśuddha)	Kommunikation, Ausdruck, Kreativität
Stirnchakra (Ājñā)	Intuition, Weisheit, Erkenntnis
Kronenchakra (Sahasrāra)	Transzendenz, kosmische Vereinigung

Die unteren Chakren (Wurzel-, Sakral- und Nabelchakra) haben mehr mit Weiblichkeit und Geborgenheit zu tun. Durch ihren eher bergenden Charakter kommen sie als Unterstützung bei Ängsten zum Einsatz. Die oberen Chakren haben eher zu tun mit einer nach außen gerichteten, demnach mehr männlichen Tendenz. Osho sagte: „Die unteren Chakren sind weiblich, die oberen männlich, das Herzchakra ist göttlich.“

Das Herzchakra schafft die Verbindung zwischen den unteren weiblichen, schützenden, nach innen gehenden und den oberen männlichen, nach außen gehenden Chakren. Während die unteren mehr der weltlichen Ebene zugeschrieben werden, beziehen sich die oberen mehr auf die Welt des Geistes, der Intuition und der universellen Einheit und Transzendenz. Hier treffen sich die Energien aus Materie und Geist, Wissen und Weisheit, Erde und Himmel.

Das Herzchakra liegt im Zentrum, und wenn es durch Energien von oben und unten ausbalanciert wird, wird es zum Ort, an dem sich die schöpferische Kraft des Universums im menschlichen Körper entfaltet."[30]

Neben diesen Hauptchakren können wir in unserer Praxis auch die Nebenchakren, Hand- und Fußchakren, nutzen, da sie für viele Menschen anfangs leichter spürbar sind. Sie sind über Energieleitbahnen mit den Hauptchakren verbunden –Handchakren mit dem Herz- und Nabelchakra, Fußchakren mit dem Wurzel- und Sakralchakra.[31]

Für unsere Praxis sind in erster Linie das Nabel- und das Herzchakra relevant. Im Folgenden findest du die Herz- und Hand-Meditation, die ich dir sehr ans Herz legen möchte. Ich empfehle diese Meditation so gerne, weil so viele Menschen im Bereich der Hauptchakren gar nichts spüren. Das, was sie spüren, hat oft zu tun mit ihrer Biografie, genauer: mit nicht abgeheilten Verletzungen und deren körperlichem Niederschlag in der Herzchakra-Gegend. Das gilt aber nicht für die Nebenchakren, z. B. in den Händen. Im Bereich der Hände haben wir zudem die Möglichkeit, die Empfindungen gezielt zu verstärken, indem wir die Hände reiben, in warmes Wasser halten oder Ähnliches. Das ermöglicht uns, leichter ins Fühlen zu kommen – und möglicherweise unterstützt uns das Erleben der Handchakren auch darin, die Herzchakra-Gegend zu erleben.

Der Herzchakra-Bereich liegt in der Mitte der Brust. Das Herzchakra steht für unbedingte Liebe und Mitgefühl. In der Herzchakra-Energie werden wir geboren und in ihr verlassen wir unseren grobstofflichen

---

[30] John Selby und Zachary Zelig: *Das Erwachen der Kundalini*, S. 181.

[31] Im Chakra-Yoga werden die Hände und Füße als Mikrokosmos des Körpers aufgefasst. Vgl. Kalashatra Govinda: *Chakra-Praxisbuch*, S. 211.

Körper auch wieder. Hier sind wir unserer Essenz am nächsten und können uns mit unserem tieferen Sein verbinden. Wenn für dich hilfreich, kannst du in der Meditation im Herzchakra-Bereich die Farbe Blau visualisieren. Entweder ein tiefes, dunkles Blau oder ein helles Himmelblau, wenn das für dich angenehmer ist. Die Visualisierung bestimmter Farben erleichtert uns möglicherweise den Zugang zu innerem Fühlen.

Tarab Tulku betonte immer wieder, wie bedeutsam die Einfühlung in die Nabelchakra-Gegend sei. Er sagte, es sei das beste Zentrum, mit dem man verbunden sein kann, um auf eine angstfreie Art mit der Außenwelt, mit anderen Menschen in Kontakt zu gehen. Das Nabelchakra befindet sich hinter dem Bauchnabel sowie ein Stückchen ober- und unterhalb von ihm. In der tibetischen Tradition wird es größer verortet als in der yogischen. Gegründet in der Nabelchakra-Gegend erleben wir eine Haltung von Raum und Stabilität. Wenn wir uns selbst Raum geben und ihn füllen, erleben wir auch mehr Respekt von außen. Andere Menschen können wahrnehmen, ob wir in uns gegründet sind oder ob wir „außer uns" sind. Umgekehrt erfahren wir auch keinen Respekt von außen, wenn wir uns selbst keinen Raum geben. In der Folge können wir uns schnell in verunsichernden Situationen wiederfinden, die unsere Angst nähren. Je mehr wir in der Nabelchakra-Gegend gegründet sind, umso klarer werden wir die verschiedenen Aspekte, Einzelheiten und Besonderheiten einer bestimmten Situation erkennen. Wir erleben diverse ungestillte Bedürfnisse und unsere Verletzlichkeiten und können diese nach außen kommunizieren – auf eine Weise, die andere auch hören können.

Für die tägliche Praxis wird empfohlen, zuerst Arme und Hände zu entspannen und sich dann in die Hände einzufühlen. Die Hände werden anschließend auf die Nabelchakra-Gegend gelegt. Wir konzentrieren uns erst auf die Energie in den Händen und spüren dann die Auswirkung auf die Nabelchakra-Gegend. Auf diese Weise verorten wir uns tiefer im Bauch, werden weiter und befähigen uns zur konstruktiven Beschäftigung mit unserer Unsicherheit und Angst.

Gelb ist sowohl in der tibetischen als auch in der yogischen Tradition die Farbe, die mit der Nabelchakra-Gegend in Verbindung gebracht wird. Wenn du magst, kannst du also, während du dich hier einfühlst, ein gelbes Licht oder eine gelbe Energiekugel in der Nabelchakra-Gegend visualisieren.

Meditation: Mit Herz und Hand

Bitte nimm deine Meditationshaltung ein. Schließe während der Übung deine Augen oder halte den Blick mit halbgeöffneten Augen vor dir auf den Boden gerichtet.

Spüre nun deinen Atem. Spüre das nächste Einatmen, als wäre es dein erster Atemzug. Spüre, wie der Atem über die Nase, den Mund, den Rachen in den inneren Raum fließt. Und lenke deine Aufmerksamkeit jetzt besonders auf das, was den inneren Raum begrenzt und beschützt: den Brustkorb. Spüre die Bewegungen des Atems und die damit verbundenen körperlichen Empfindungen im Brustkorb, im Brustbein vorn, in der ihm korrespondierenden Wirbelsäule hinten und in den Rippen. Spüre, wie sich der Brustkorb mit dem Einatmen dehnt und die damit verbundenen Gefühle, und spüre, wie er sich mit dem Ausatmen senkt und die damit verbundenen körperlichen Empfindungen.

Lass deine Aufmerksamkeit nun noch etwas tiefer in dich hineinsinken, in deinen Brustraum, den inneren Raum, der vom Brustkorb und Zwerchfell nach unten begrenzt und beschützt wird. Spüre, wie der Atem in den Brustraum hineinfließt und welche Empfindungen du dort wahrnehmen kannst.

Richte dein Gewahrsein etwas mehr in die Herzchakra-Gegend in der Mitte deiner Brust. Erspüre, wie der Atem in deine Herzchakra-Gegend fließt. Achte jetzt ein wenig mehr auf den Einatem, um in größere Nähe zu dir selbst zu kommen. Herzchakra-Energie ist Energie deiner Essenz, deines tiefsten Wesens. Sadguru wohnt in der Herzchakra-Gegend, es ist deine Essenz und gleichzeitig die Essenz des Universums. Aber mache dir keine Sorgen, wenn du dies alles noch nicht spüren kannst. Bleibe in Verbindung mit dem Atem und fühle dich in die Mitte deiner Brust ein. Vielleicht spürst du dort Wärme, feine Vibrationen, subtile Schwingungen, ein Strömen. Vielleicht spürst du aber auch Härte, Enge, Kälte. Lass daraus kein Problem entstehen, bleibe bei dem, was du empfindest und in der Empfindung des Atems.

Gehe nun, ohne die Verbindung zum Atem zu verlieren, mit einer feinen Bewegung deiner Aufmerksamkeit zu deiner linken Hand und spüre zunächst ihre Anwesenheit und Position. Spüre, ob die Finger gestreckt oder gekrümmt sind. Spüre auch, worauf die linke Hand ruht, auf dem Oberschenkel, auf dem Schoß, und wie sich diese Berührungsfläche anfühlt: glatt oder rau, hart oder weich… Bleibe in der Empfindung der linken Hand und lass sie langsam zur Faust werden. Spüre die mit dieser Bewegung verbundenen körperlichen Empfindungen. Öffne die Faust wieder langsam und schließe und öffne sie noch ein- oder zweimal in deinem Rhythmus. Lass die Hand nun langsam wieder zur Ruhe kommen, in einer Stellung, die für sie angenehm ist. Vergegenwärtige dir fühlend, ob sie vollständig ist, also ob Handrücken, Handfläche und alle fünf Finger zu spüren sind. Wenn deine Aufmerksamkeit schon gut gefestigt, gut verfeinert ist, kannst du auch spüren, ob das Grund- und das Endgelenk jedes Fingers zu spüren ist. Wenn dir das noch nicht möglich ist, strenge dich nicht an, halte nur deine Aufmerksamkeit fokussiert, mehr ist nicht erforderlich. Fühle dich nun langsam in die linke Hand ein mit der Frage, ob sie lebendig anwesend ist. Dazu lass einmal alles, was du von deiner Hand weißt, auch deine inneren Bilder von ihr, unbeachtet. Fühle dich ein, fühle die Hand gewissermaßen von innen, spüre das Leben in ihr. Leben ist subtile Bewegung, Leben ist Wärme und Energie. Was spürst du da? Fokussiere langsam auf die Handfläche der linken Hand. Hier sind Energiezentren lokalisiert. Es könnte sein, dass du das Leben hier deutlicher spürst. Verliere dabei nicht die Verbindung zum Atem und bleibe entspannt. Es geht nicht darum, etwas herauszufinden, sondern eher darum, dich fühlend einzulassen.

Wende deine Aufmerksamkeit nun, indem du dich von deiner linken Hand verabschiedest, zur rechten Hand. Spüre ihre Anwesenheit. Ist sie anwesend? Denkst du gerade, sie sei anwesend? Folgerst du, dass sie anwesend ist, oder erlebst du sie? Spüre, wenn sie anwesend ist, auch die Unterlage, auf der sie ruht, den Oberschenkel oder den Schoß oder die andere Hand. Wie fühlt sich diese Unterlage an: eher glatt oder rau, hart oder weich …? Es braucht ein feines Bewusstsein, um jetzt die rechte Hand genauer kennenzulernen. Um dich tiefer einzufühlen, kann eine Bewegung hilfreich sein. Lass auch diese Hand zur Faust werden und spüre dabei die körperlichen Empfindungen in der Hand. Wie fühlt es sich an, wenn die Hand zur Faust wird, und wie fühlt es sich an, wenn sie sich wieder streckt? Wiederhole das ein-, zweimal in deinem Rhythmus. Lass die rechte Hand jetzt nicht im Stich. Fokussiere deine Aufmerksamkeit nur dort. Dann lass auch diese Hand eine Position finden, die für sie angenehm ist, mit gestreckten, halbgekrümmten oder ganz gekrümmten Fingern. Spüre genau, ob die rechte Hand vollständig anwesend ist: Handrücken, Handfläche, die fünf Finger mit jeweils dem Grund- Mittel- und Endglied oder so viel, wie dir möglich ist.

Löse dich nun langsam von der äußeren Form und fühle dich noch feiner in die rechte Hand ein mit der Frage: Ist die rechte Hand anwesend? Kann ich das Leben in ihr spüren? Achte darauf, es nicht zu denken, sondern spüre die subtilen Bewegungen, feinen Ströme, die Wärme und Energie. Fühle die Hand von innen. Spüre ihr Energiefeld. Lass zu, dass sich die Wahrnehmung von ihr etwas verändert. Nun fokussiere deine Aufmerksamkeit auf die Handinnenfläche der rechten Hand, auf die Handchakra-Gegend. Ist es dir möglich, hier genauer zu spüren? Hilfreich kann sein, dich noch etwas mehr zu entspannen und deine Aufmerksamkeit noch mehr auf diesen Bereich zu fokussieren, ohne die Verbindung zum Atem zu verlieren.

Spüre nun beide Hände. Nimm sie vor der Brust zusammen, sodass die Handflächen einander berühren – die Haltung von Anjali. Lass die Handflächen in dieser Position gegen einander kreisen und bleibe dabei in der Empfindung. Wie fühlt es sich an, wenn die eine Hand die andere streichelt? Langsam kannst du beide Hände zur Ruhe kommen lassen, bleibe dabei aber in der Empfindung der Hände. Fokussiere nun die Aufmerksamkeit auf beide Handflächen.

Nimm die Hände ein wenig auseinander, sodass etwa ein bis zwei Zentimeter Abstand zwischen ihnen besteht. Kannst du in der Empfindung der Hand-Chakren bleiben und den Energiefluss zwischen beiden Händen spüren? Eine Hand strahlt Energie zur anderen aus, diese empfängt Energie und strahlt zugleich Energie zurück, die die erste aufnimmt. Nimm wahr, wie die Hände auf energetischer Ebene verbunden sind.

Bleibe in der Empfindung der Hände und der Handchakren. Spüre nun, wenn es dir möglich ist, die Verbindung von den Händen zum Brustraum und, wenn dir feineres Empfinden möglich ist, von den Handchakren zur Herzchakra-Energie. Du hast die Wahl: Möchtest du erst auf einer gröberen Ebene bleiben und von den Händen ausgehend die Arme bis zum Brustkorb und Brustraum spüren, oder möchtest du dich auf feinerer Ebene einfühlen, wobei du die feineren Energien in deinen Handchakren, die über Energiekanäle mit der Herzchakra-Energie verbunden sind, spürst?

Die Handinnenflächen befinden sich noch in einem Abstand von ein bis zwei Zentimetern zueinander. Es braucht nun gute Aufmerksamkeit, guten Willen und Hingabe. Lege langsam beide Hände auf die Herzchakra-Gegend: zuerst deine linke, die rechte lege auf die linke. Spüre die Verbindung der Hände zum Mittelpunkt deiner Brust, spüre die Bewegungen des Atems und, wenn es dir möglich ist, die Energie der Handchakren, wie sie in Verbindung stehen mit der Herzchakra-Energie, der tiefsten Energie des Universums, der tiefsten Energie deines Seins.

Du kannst nun, ohne die Verbindung zu verlieren, alle beschützenden Energien des Universums in Gestalt von Tara zu dir, in dich einladen, dich zu beschützen, sich in dir zu verankern. Spüre die Herzchakra-Energie in der Mitte deiner Brust, spüre deine Hände, die Handchakra-Energie und den Atem, der in die Mitte deiner Brust fließt. Verliere diese Verbindung nicht, während du einige Momente in dieser Erfahrung verweilst.

Bleibe in der Verbindung des Atems. Bleibe mit deinem Gewahrsein in der Herzchakra-Gegend in der Mitte deiner Brust und den

Empfindungen deiner Hände. Wenn deine Aufmerksamkeit sehr fein ist, kannst du vielleicht spüren, wie die Energie des Atems und die Energie der Hände mit der Herzchakra-Energie verschmelzen. Lass nun langsam deine Hände in den Schoß zurückgleiten. Und auch, wenn du jetzt deine Augen öffnest und die Meditation damit beendest, bleibe in der Empfindung deines Atems und in Verbindung mit deiner Herzchakra-Gegend, solange dir das möglich ist. Wenn die Verbindung verloren gegangen ist, stelle sie wieder her.

Praxis mit Mantren

Ein typisches Mantra des nördlichen Buddhismus ist OM MANI PADME HUM (Sanskrit: *oṃ maṇi-padme hūṃ*). In den Himalaya-Ländern kennt es jedes Kind und viele alte Menschen drehen in ihrer freien Zeit ihre Gebetsmühlen und rezitieren dabei dieses Mantra. Da es eines der bekanntesten buddhistischen Mantren überhaupt ist, möchte ich es im Folgenden in seinem Sinnaspekt etwas genauer erklären, wobei für die Wirksamkeit des Mantras der Klangaspekt wichtiger ist. Es schadet nichts, etwas über die Bedeutung der Klangsilben zu wissen, doch während wir es rezitieren, denken wir nicht so sehr darüber nach, sondern versuchen seine Resonanz in der Brustmitte, der Herzchakra-Gegend zu erspüren.

OM gilt als der vollkommene Laut zeitloser Wahrheit und ist ein Symbol des grenzenlosen Raums, des unendlichen Seins und allgegenwärtigen Lichts. In den Veden heißt es, Brahma schuf die Welt aus Klang. OM soll nach dem indischen Dichter Tagore „den Geist mit der Ahnung ewiger Vollkommenheit erfüllen und ihn aus der Welt der engen Selbstsucht befreien“. OM steht nach Lama Govinda am Anfang des Mantras, am Ende steht das HUM. HUM steht für den „Herabstieg der Alleinheit in die Tiefe des Herzens.“ HUM kann nicht sein ohne das OM. OM ist das Unendliche, aber HUM als das Unendliche im Endlichen, das Zeitlose im Zeitlichen, das Ewige im Augenblick, das Formlose im Formhaften, das Überweltliche im Weltlichen. OM wird mit der Offenheit und Einfachheit eines Neugeborenen verglichen, HUM mit der Offenheit und Einfachheit eines alten Menschen, der nach einem

Leben voller Erfahrungen, Irrungen und Wirrungen wieder zurückkehrt und transparent wird für die Alleinheit.

MANI meint etwas sehr Kostbares, im Buddhismus ist damit der Buddha gemeint, die Lehre und die hochentwickelten Schüler.

PADME weist hin auf das uns allen innewohnende Potential geistiger Entwicklung.

Damit das Mantra OM MANI PADME HUM seine Wirkung vollkommen erfüllen kann, stellen wir uns die goldene Lichtgestalt eines/er Heiligen, wie z. B. Tara oder Maria, in unserer Herzchakra-Gegend, also der Brustmitte, vor. Wenn Angst aufkommt oder schon deutlich spürbar ist, wird uns die Rezitation dieses Mantras sehr helfen. Auch die hingebungsvolle Rezitation von

OM AH HUM BENZA GURU PEMA SIDDHI HUM

bringt nach Praktizierenden des nördlichen Buddhismus Schutz und Segen und befreit von verstörenden Geisteszuständen. In diesem Mantra wird Guru Rinpoche verehrt, der den Buddhismus nach Tibet gebracht hat und dort als eine Reinkarnation des Buddha gilt. Damit ein Mantra seine vollständige Wirkung entfalten kann, sollte es nach Tarab Tulku die Klangsilben „OM“, „AH“, „HUM“ enthalten. „OM“ wird mit seiner feinen Vibration vielen Mantren vorangestellt. Es ist unter anderem Ausdruck für die Kraft der Schöpfung bzw. des Werdens. „Gibt es aber ein Werden, so gibt es auch eine Kontinuität des Seins – ‚AH‘ ist der Ausdruck dieser Kraft. Gleichzeitig ist da aber auch eine Kraft in

Richtung Vergehen, der Nichtdualität, von welcher ‚HUM' der Ausdruck ist", erklärt uns Tarab Tulku. Bekannte christliche Mantren sind z. B:

MISERERE NOBIS
– Erbarme dich unser.

KYRIE ELEISON, CHRISTE ELEISON
– Herr erbarme dich, Christus erbarme dich.

HALLELUJA
– Preiset Gott.

Um nicht wieder zu sehr unser konzeptionelles Verstandesbewusstsein zu bemühen, empfehle ich, nicht zu viel über die Bedeutung des Mantras nachzudenken, sondern es immer wieder zu rezitieren und die damit verbundene feine Vibration im Körper zu spüren. In dem Maße, in dem wir mit „unserem persönlichen Mantra" vertraut sind, wird es uns in Zeiten der Unsicherheit und Angst eine große Hilfe sein.

Es heißt in alten Kommentaren, dass Mantren unfehlbar wirken, sofern sie richtig gebraucht werden, das heißt mit Sammlung und Hingabe rezitiert werden. Mantren kann man nicht selbst kreieren oder komponieren. Sie müssen nach den Worten von Lama Govinda wachsen, „und sie wachsen nur aus dem Erleben und der gesammelten Erfahrung vieler Generationen."

In all diesen Übungsanleitungen geht es nicht darum, die Angst zu meistern oder mit bestimmten Strategien zu behandeln. „Jeder Versuch, die Angst zu meistern, ist nutzlos. Tatsächlich wird die Macht der Angst durch die Annahme bekräftigt, sie müsse gemeistert werden.“[32]

Vielmehr geht es darum, zu erkennen, wie wir die Möglichkeiten unseres Bewusstseins und dessen verschiedenen Ebenen nutzen können, um der Angst den Nährboden zu entziehen.

Praxis mit Visualisierungen

Eine weitere bewährte Möglichkeit, in fühlende Verbindung zu sich selbst zu kommen und damit der Angst den Nährboden zu entziehen, ist die Praxis der Visualisierung. Wir schaffen damit eine mentale Form. Es ist leichter, mit einer Form in Kontakt zu gehen und in der Folge in eine fühlende Verbindung zu kommen. Das lässt sich auch trainieren. Als Kind ist es uns leichtgefallen, uns etwas visuell vorzustellen, mit der Dominanz des Verstandesbewusstseins braucht das hingegen etwas Übung. Nicht so wichtig ist nach den Aussagen von Tarab Tulku und Lene Handberg, was wir visualisieren. Wir nehmen am besten ein Symbol, eine Form oder eine Farbe, die für uns leicht zugänglich ist. In den alten östlichen Traditionen werden oft Gottheiten in allen Einzelheiten visualisiert. Das scheint für viele Menschen aus unserem Kulturkreis eher verwirrend zu sein. Wir können im Westen eine Heilige

[32] *Ein Kurs in Wundern.*

aus der christlichen Tradition visualisieren, z. B. Maria. Wir können uns aber auch auf eine menschliche Person ausrichten, insofern wir Gutes mit ihr verbinden. Das kann unsere Großmutter ebenso sein wie unsere spirituelle Lehrerin. Für manche Menschen ist es einfacher, eine Farbe zu visualisieren, z. B. goldenes Licht, welches dann eventuell eine Form annehmen kann. Wir visualisieren diese Lichtgestalt nicht wie im Fernsehen, sondern richten uns mehr auf das Fühlen der Energie der visualisierten Form oder des Energielichtes aus. Wir nutzen die Farb- oder Formvisualisierung, um in tiefes Fühlen, in eine größere Nähe zu uns selbst zu kommen. Hilfreich ist zuvor die Einfühlung in den Körper, also die „Gründung" im Körperfühlbewusstsein, um von dort in die Lichtempfindung zu kommen. Energielicht-Visualisierungen sind sehr alte Praktiken, um in tiefere, angstfreie Bewusstseinsebenen zu gelangen.

Praxis mit Angstgedanken

Angst wird genährt durch entsprechende Gedanken. Jeder Gedanke ist verbunden mit bestimmten Bildern und daraus wiederum werden Gefühle aktiviert. Als Patient siehst Du einen Arzt in seiner Berufskleidung, es entstehen in dir bestimmte Bilder und eventuell Gefühle wie Unbehagen oder Angst, je nachdem, welche Erfahrungen du mit Ärzten gemacht hast. Ich sehe den gleichen Arzt, doch ich wähle anders aus: Für mich ist er ein Kollege, ich erzeuge andere Bilder und empfinde keine Angst. Immer bestimmen sowohl unsere Konditionierungen und Prägungen, also Vergangenes, als auch unsere gegenwärtige, darauf aufbauende

Gestimmtheit, was wir mit dem Geistbewusstsein machen, also welche Gedanken wir erzeugen und somit auch welche Gefühle. Wenn wir uns unsicher, minderwertig oder bedürftig, also verletzlich, erleben, werden wir uns leichter von Angstgedanken besetzen lassen, als wenn wir in unserem Gleichgewicht sind und uns selbstbewusst erleben.

Gedanken sind immer Ausdruck einer bestimmten Perspektive und bilden nie die ganze Wahrheit ab. Unsere Perspektive wiederum hängt auch von unserer Biografie ab, von dem, was wir in der Vergangenheit erlebt und erlitten haben. Der Weg, uns nicht von Angstgedanken besetzen zu lassen, ist die Praxis der Achtsamkeit, genauer: der achtsamen Selbstbeobachtung. Wir untersuchen, ob es bestimmte Gedankenmuster gibt, die für uns typisch sind. Manche von uns neigen dazu, ständig zu beurteilen. Indem wir ein Urteil fällen, beziehen wir einen Standpunkt. Dieser gibt uns scheinbar Sicherheit. Hinter dem Bedürfnis nach einem Standpunkt findet sich jedoch oft Unsicherheit und Angst angesichts der Komplexität und Vielschichtigkeit unseres Lebens und Erlebens.

So ist es auch zu erklären, dass Politiker mit markanten Standpunkten und simplen Beurteilungen und Einteilungen von verunsicherten Menschen und eher ängstlichen Naturen besonderen Zuspruch finden.

Weitere typische Angstgedanken-Muster sind Gedanken des Vergleichens, vor allem, wenn wir uns selbst dabei herabwürdigen. Auch „Was ist wenn“-Gedanken projizieren meist vermeintliche Schwächen übergroß in die Zukunft und verkleinern gleichzeitig unsere Stärken. Daraus entsteht ein mehr oder weniger bedrohliches Zukunftsbild, das in der Gegenwart zu Unsicherheit und Angst führt. In diesem

Zusammenhang muss auch die Angewohnheit mancher Menschen genannt werden, positive Erfahrungen zu bagatellisieren. Hilfreicher wäre, gute Erfahrungen, die wir in früherer Zeit gemacht haben, zu erinnern und neu zu fühlen. Damit würden wir bestärkende Eindrücke im Alaya-Bewusstsein nähren und gleichzeitig beginnen, verletzliche aufzulösen. Unsere eigene Geschichte anders zu erzählen, nämlich im Hinblick auf das Gute, das wir erlebt haben, kann eine wichtige spirituelle Praxis zur Reduzierung von Unsicherheit und Angst sein. Normalerweise erzählen wir uns, was uns in der Vergangenheit geschwächt oder geschadet hat. Damit nähren wir allerdings weiter die verletzlichen Selbstempfindungen und damit die Grundlagen für Angst in der Gegenwart.

Lassen wir zu, dass uns auf die Zukunft gerichtete sorgenvolle Gedanken besetzen, wird Angst in seinen verschiedenen Ausprägungen die Folge sein. Lernen wir, unsere Gedanken mehr auf die Gegenwart zu richten, genauer: auf das, was die Gegenwart uns gerade gewährt, und auf die Möglichkeiten, die sich in der Gegenwart bieten, entziehen wir Unsicherheit und Angst den Boden.

Im Rahmen deiner Achtsamkeitspraxis kannst du dir als Übung vornehmen, ein besonderes Gewahrsein auf *die ersten Gedanken am Morgen* zu richten. Die ersten Gedanken bestimmen wesentlich die emotionale Ausrichtung auf den weiteren Verlauf des Tages. Ebenso kannst du dein Gewahrsein auf *die letzten Gedanken am Abend* richten. Die letzten Gedanken haben einen nicht unerheblichen Einfluss auf deine Träume und die Tiefe deines Schlafes sowie auf den Zustand deines Geistes beim Erwachen. Noch effektiver wird diese Praxis, wenn wir sie auf der Basis eines entspannten Körpers durchführen. Im Körper gibt es überall Messfühler, die die jeweilige Spannung registrieren. Die entsprechenden „Daten“ werden zum limbischen System im Gehirn gesandt. Ein verspannter Körper erschwert nicht nur die Einfühlung, sondern bietet auch eine Basis für Sorgen oder beängstigende Gedanken. Um sich aus dem Teufelskreis von beängstigenden Gedanken/Angstgefühlen zu lösen, lehrte der Buddha verschiedene Möglichkeiten. So können wir unsere Fähigkeit, den Gedanken eine Richtung vorzugeben, nutzen und bei beängstigenden Gedanken unsere Aufmerksamkeit auf eine harmlose, völlig angstfreie Vorstellung lenken. Dies ist eine Art der Visualisierung, die wir bewusst als Praxis im Alltag einsetzen können.

Eine alte Dame jüdischen Glaubens berichtete mir, dass sie im KZ mehrfach unmittelbar vor der geplanten Hinrichtung stand. „Wie hält man das aus, was haben Sie in dieser Situation gedacht oder getan“, wollte ich wissen. „Ich stellte mir die Sonntagnachmittage als Kind mit meinem Vater vor“, erzählte sie. „Wir gingen oft zusammen in den Berliner Zoo oder besuchten Museen und anschließend gingen wir ins Café Kranzler, ich trank einen Kakao und mein Vater rauchte eine Zigarre – eine Erinnerung an Geborgenheit und Harmonie.“

Je nach unseren Möglichkeiten können wir beängstigende Gedanken durch Erinnerungen an liebe Menschen oder Vorbilder ersetzen, oder wir können an Maria, Tara oder andere Bodhisattvas[33] denken. Das Ersetzen der beängstigenden Gedanken durch heilsame Vorstellungen hat nichts

[33] Bodhisattva bedeutet: Erleuchtungswesen.

mit positivem Denken im Sinne eines Umprogrammierens zu tun. Vielmehr geht es in dieser Empfehlung darum, die Gedanken auf höherwertige, heilsame Ebenen „emporzuziehen“. Wenn Menschen, z. B. aufgrund einer schweren Erkrankung, nachts wach liegen und sich ängstigen, empfehle ich diese Übung:

> Du erinnerst dich an deine frühe Kindheit und vielleicht auch an eine Person, die damals ein Wohltäter für dich war, von der du also Unterstützung erfahren hast. Du erinnerst dich so genau wie möglich und rufst diese Person vor dein „inneres Auge“. Dann bedankst du dich für das Gute, das du durch sie erlebt hast. Als Nächstes rufst du dir einen Wohltäter aus der Schulzeit in Erinnerung und bedankst dich wieder in der beschriebenen Weise. So gehst du in etwa Zehn-Jahres-Schritten bis in die heutige Zeit. Die Ausrichtung auf Gutes und Wohltäter lässt der Angst keinen Raum.
>
> Treten dennoch weiter Angstgedanken in den Vordergrund, kann das Benennen und Etikettieren hilfreich sein, um sie nicht weiter zu verfolgen. Du richtest dich dabei nicht auf die Gedankeninhalte aus, sondern erkennst, dass dich Gedanken gerade sehr vehement besetzen. Du benennst sie als das, was sie sind – menschliche Gedanken – eine natürliche Tätigkeit deines Gehirns. Um dich schneller von ihnen lösen zu können, „klebst“ du ihnen als Etikett ganz einfach die Bezeichnung „Gedanken“ auf. Durch die Nichtbeachtung der Gedankeninhalte und den Fokus auf die Gedanken als

Energiewolke im Geist nehmen ihre Kraft und durch sie bedingte Gefühle rasch ab.

Um tiefgründiger mit Gedanken zu praktizieren und deren Wesen besser zu verstehen, empfiehlt der thailändische Meditationsmeister Ajahn Buddhadasa, immer wieder fünf Aspekte zu untersuchen:

1. Was sind ihre Eigenschaften?
   Sie sind mentale Erscheinungen ohne Kern, wie Energiewolken im Geist.
2. Was ist ihr Ursprung?
   Sie entstehen im konzeptionellen Bewusstsein.
3. Was ist ihre Verführungskraft?
   Sie können uns in die Identifikation ziehen und zur Überzeugung eines eigenständigen Denkers hinter den Gedanken führen.
4. Was ist ihre Gefahr?
   Sie können die Dominanz des fixierenden, beurteilenden und trennenden Konzeptbewusstseins weiter manifestieren.
5. Was sind die Mittel der Befreiung?
   Indem wir Gedanken in ihrer Wechselbezüglichkeit zu inneren Bildern und Emotionen durchschauen, können wir uns aus dem Besetztsein befreien.

Diese Aspekte gilt es bei automatisch wiederkehrenden sorgenvollen Gedanken besonders sorgfältig zu untersuchen. Sorgen erscheinen oft ohne willentliche, bewusste Reflexion. Sie wirken plausibel und in

Übereinstimmung mit der Wahrheit und sind dennoch Ausdruck einer persönlichen konditionierten Sicht. Wenn wir uns von sorgenvollen Gedanken besetzen lassen, schaffen wir uns einen eigenen Angstfilm. Diese Zusammenhänge zu durchschauen ist ein wichtiger Schritt.

Eine weitere, allerdings etwas anspruchsvollere, Möglichkeit, sich von Angstgedanken zu befreien, liegt in der Achtsamkeit auf den Vorgang des Denkens. Dein Interesse gilt nicht mehr dem Inhalt der Gedanken, sondern dem gerade stattfindenden Denkprozess. Du beobachtest das Kommen und Gehen der Gedanken und erlebst damit ihre Vergänglichkeit. Du interessierst dich für das Wesen der Gedanken. Sie gleichen Energiewolken im Geist, wie Malerei in der Luft, ohne feste Substanz, nicht zu greifen und nicht festzuhalten. Auf diese Weise werden Gedanken ein Stück entpersönlicht. Du erkennst sie als menschliche Gedanken und löst damit die enge Verknüpfung mit dem Gefühl der Angst. Es braucht auch hier einen bewussten Entschluss und ein wenig Übung, um sich nicht immer wieder von den Inhalten der Gedanken besetzen zu lassen. Du bist der fürsorgliche Betrachter, der menschliche Gedanken erlebt. „Der Unterschied zwischen Identifiziert-Sein und Mit-Abstand-Betrachten ist der zwischen Unfreiheit und Freiheit“, erklärt Sylvia Kolk.[34] Wenn die Gedankeninhalte eine starke Sogkraft auf dich ausüben und dich aus der Beobachterposition doch wieder in die Identifikation ziehen wollen, empfiehlt es sich, die Aufmerksamkeit vorübergehend wieder zum Körper zu lenken. Dabei kann man nach Sylvia Kolk so vorgehen: Wir untersuchen, welche

[34] *Geh und sieh selbst.*

Körperempfindungen mit den Gedanken verbunden sind. Wo ist das stärkste Gefühl? Im Bauch, im Brustbereich, Hals? Wie fühlt es sich genau an? Vielleicht ein Brennen, eine Übelkeit, Unruhe, Druck, Enge?

Auf diese Weise stärkst du deine Fähigkeit, im jetzigen Moment zu leben und setzt damit den Angstgedanken, die sich meist nur aus Phantasien über die Zukunft speisen, etwas entgegen. „Indem du deine Achtsamkeit auf Inhalt und Wesen der Gedanken schulst, vermagst du die Gedanken, Gefühle und Taten zu erkennen, die dich Gott näherbringen, deiner eigenen Freiheit – und die, die dich davon abhalten", erklärt Ram Dass.[35] Wenn dir bewusst wird, was dich deiner Freiheit näherbringt und was nicht, wirst du das loslassen können, was dich zu besetzen droht. Ein ungeübter Geist wird leicht von Gedanken und Gefühlen überschwemmt und beherrscht. Ein durch Meditation geschulter Geist kann wahlweise den Inhalt der Gedanken oder den Vorgang des Denkens betrachten und in der Folge Gedanken in jede gewünschte Richtung lenken.

Immer ist es die Identifikation mit bestimmten Gedanken, die eine entsprechende Realitätswahrnehmung erzeugt. Vor allem sorgenvolle Gedanken haben eine große Verführungskraft, sich mit ihnen zu identifizieren. Sorgen sind ein Bestandteil des Lebens vieler Menschen. Sie richten sich auf eine ungewisse Zukunft und überschätzen dabei negative Voraussagen oder Möglichkeiten.

Nun ist jeder Gedanke nicht nur mit Bildern und Gefühlen verbunden, sondern hat auch körperliche Auswirkungen. Sorgenvolle Gedanken

---

[35] *Einfache Wahrheit*, S. 40.

kreieren Bilder einer bedrohlichen Zukunft. Hiermit verbunden sind Gefühle von Unsicherheit oder Angst und körperliche Auswirkungen wie Anspannung, erhöhter Blutdruck oder beschleunigter Herzschlag.

Im Buddhismus wird gelehrt: Wahres Wohlergehen beruht auf einem befreiten Geist. Wahres Wohlergehen hängt nicht so sehr von den Geistesinhalten ab, sondern von der Befreiung des Geistes, von dem Besetztsein von Gedanken, Gefühlen, Bildern und Reaktionstendenzen.

Ein befreiter Geist ist still, offen und klar wie der blaue Himmel. Wenn wir uns vorstellen und in gesammelter Meditation auch erleben, dass unser Geist still und weit ist wie der Himmel, an dem die Wolken vorbeiziehen, dann werden wir ein Gespür bekommen für eine Dimension in uns, die größer ist als die Wolken der Gedanken und Gefühle. Der Himmel ist immer präsent, während Wolken an ihm vorbeiziehen – der Himmel selbst ist unendlich viel weiter und größer als sie. So ist es auch mit unserer Bewusstheit. Sie ist gegenwärtig und umfasst all unsere Gedanken, inneren Bilder und Gefühle, doch sie selbst bleibt unbefangen, weit und offen.

Du bekommst nun **Anleitungen aus dem Buddhismus und der** Psychotherapie, die du bei sich anbahnender oder manifester Angst wie einen Erste-Hilfe-Kasten nutzen kannst. Suche dir Übungen aus, die dich ansprechen und praktiziere sie täglich über einige Wochen, um unter angstfreien Bedingungen damit vertraut zu werden. Wenn du lange genug damit geübt hast, wirst du dich ihrer in Angstsituationen erinnern und sie mit Erfolg anwenden können.

Erste-Hilfe-Kasten bei Angst

Die Psychotherapeutin Heika Gröning sprach mit mir über Angst und empfahl diese ersten drei Übungen. Die erste dauert etwa 10 bis 15 Minuten, die beiden anderen können in nur etwa zwei bis drei Minuten durchgeführt werden.

Übung I

Dies ist eine Übung, die du für dich alleine praktizieren kannst. Je regelmäßiger du sie in deinem Alltag praktizierst, auch gerade in Momenten, in denen du dich stabil fühlst, desto intensiver wird ihre Wirkung für dich in Zeiten der Angst sein.

Die Regelmäßigkeit der Praxis bewirkt eine langfristige Veränderung der Funktionen deines Gehirns, das heißt, durch die Wiederholung werden auf Dauer neuronale Bahnen verstärkt, die dein Denken und Fühlen langfristig heilsamer ausrichten und harmonisieren.

Um mit der Übung zu beginnen, nimm eine bequeme, aufrechte Sitzhaltung ein. Entspanne den Körper, spüre den Kontakt der Füße mit dem Boden, des Gesäßes mit der Sitzfläche und gib alle Spannung nach unten an die Erde ab. Richte nun die Aufmerksamkeit auf deinen Atem. Spüre, wie der Atem in den Körper hineinfließt, wie er bis zu einem bestimmten Punkt den inneren Raum füllt und ihn dann mit dem

Ausatmen wieder freigibt. Verweile einen Moment in der achtsamen Präsenz dieser Empfindung.

Nimm nun deine Hände auf die Oberschenkel und beginne, in einem zügigen Rhythmus auf die Oberschenkel zu klopfen. Tue dies abwechselnd mit der rechten und der linken Hand und klopfe auf diese Weise etwa eine halbe Minute lang auf deine Oberschenkel.

Das regelmäßige Klopfen mit beiden Händen führt dazu, dass sich die Aktivitäten der beiden Gehirnhälften wieder verbinden. Angst, insbesondere bei traumatischen Störungen, kann zu Dysfunktionen führen, denen mit dieser Übung entgegengewirkt wird.

Als Erstes richte dich bitte auf fünf Dinge aus. Schaue nacheinander fünf Gegenstände in deiner Umgebung an, sei einen kurzen Augenblick in Kontakt mit ihnen, benenne jeden einzelnen von ihnen, und erwähne in einem zweiten Satz noch ein weiteres seiner Merkmale. Sage also, z. B.: „Ich sehe die Schale. Sie ist golden." Oder: „Ich sehe die Vorhänge. Sie sind weiß." „Ich sehe die Blumen. Sie sind schön."

Richte als Zweites deine Aufmerksamkeit auf die Geräusche deiner Umgebung. Nenne fünf Geräusche, die du mit deinem Gehörsinn wahrnimmst. Benenne sie bitte nur, ohne sie weiter zu beschreiben. Also z. B.: „Ich höre die Vögel draußen. Ich höre den Staubsauger im Flur. Ich höre das Ticken der Uhr an der Wand."

Als Drittes richte dein Gewahrsein auf fünf Dinge, die du spürst. Es geht hierbei um Berührungen der Außenseite des Körpers, das ist sehr wichtig. Bitte gehe in diesem Übungsteil mit deiner Aufmerksamkeit nicht nach innen, etwa zum Herzschlag, sondern richte sie ganz auf deinen Hautkontakt mit der Umwelt. Benenne auch hier lediglich deine

Sinneswahrnehmungen ohne weitere Beschreibung, z. B.: „Ich spüre den Po auf dem Kissen. Ich spüre die Hände auf den Knien. Ich spüre die Brille auf der Nase, den Kragen am Hals …"

Klopfe nun ein weiteres Mal mit beiden Händen auf die Oberschenkel in einem gleichmäßigen, zügigen Rhythmus, etwa eine halbe Minute lang, rechts-links-rechts-links-…

Führe die Übung fort, indem du den eben beschriebenen Ablauf noch viermal wiederholst und dabei in jedem Durchgang ein Sinnesobjekt weniger nimmst. Fahre nun also fort, indem du deine Aufmerksamkeit auf vier Sinnesobjekte richtest und diese benennst – Sehen, Hören, Spüren – und zum Schluss klopfst du wieder auf deine Oberschenkel. Benenne dann drei Sinnesobjekte und klopfe am Ende wieder, benenne zwei Sinnesobjekte, klopfe wieder, dann ein Sinnesobjekt und klopfe ein letztes Mal. Denke beim Sehen daran, bei jedem Objekt immer noch einen zweiten Aspekt zu benennen, und achte beim Spüren darauf, dass es um die Wahrnehmungen der Außenwelt durch deine Haut geht.

Stehe anschließend auf und gehe ein wenig durch den Raum. Tue etwas möglichst Angenehmes, wie einen Tee trinken oder Musik anmachen. Gehe also bewusst in die Aktivität, um die Angst nicht zurückfluten zu lassen. Wenn es gerade nichts Angenehmes zu tun gibt, suche dir dennoch eine Aktivität, etwa die Spülmaschine ein- oder ausräumen oder Wäsche zusammenlegen.

Abschließende Bemerkung:

Wenn du unter einer stark ausgeprägten Angst leidest, empfehle ich dir, diese Übung regelmäßig einmal am Tag zu praktizieren. Sie dauert, wie gesagt, etwa 10 bis 15 Minuten. Diese Zeit braucht es auch, um aus dem Angstgefühl herauszukommen. Es ist auch möglich, die Übung zu jeder Zeit zu beenden, also z. B. nach der Benennung von nur drei Dingen aufzuhören. Bedenke aber, dass diese 10 bis 15 Minuten empfehlenswert sind, weil die Übung nur auf diese Weise nachhaltig wirken kann.

Die Übung kann an jedem Ort durchgeführt werden, auch außerhalb der Wohnung und sogar in öffentlichen Räumen. Da das Klopfen der Beine aber beispielsweise in der U-Bahn komisch wirken würde, kann man stattdessen mit den Zehen wackeln. Führe die Übung in diesem Fall also genauso wie beschrieben durch und ersetze das Oberschenkelklopfen einfach durch das abwechselnde Wackeln mit den Zehen, rechts-links-rechts-links-…

Ein heilsamer Nebeneffekt dieser Übung ist, dass wir allmählich erkennen, dass wir die Wahl haben, was wir beim Sehen, Hören und Fühlen wahrnehmen.

Übung II

Gehe durch den Raum. Das kann jeder Ort sein, an dem du für einen Moment ungestört bist. Gehe also durch den Raum und nimm hierbei beide Arme nach oben, sodass sie wie ein V über dem Rumpf sind.

Nun stelle dir während des Gehens vor, dass etwas Angenehmes auf dich herunterrieselt, auf dich herabsinkt. Das können beispielsweise

Blütenblätter, Schneeflocken oder Goldstaub sein, in jedem Fall aber etwas, was ein angenehmes Gefühl in dir hervorruft. Wenn du magst, bleibe zwischendurch kurz stehen und schließe für einen kurzen Moment deine Augen, um die Visualisierung zu verstärken. Spüre den Empfindungen nach, die diese Vorstellung in dir hervorruft.

Abschließende Bemerkung:

Der Effekt dieser Übung besteht darin, dass wir dem Körper durch die v-förmig nach oben gestreckten Arme signalisieren, dass alles in Ordnung ist. Wenn wir in aversiven Gefühlen sind, also in Wut, Angst oder einer Depression, würden wir nie die Arme v-förmig ausgestreckt nach oben nehmen. Wir können sie nicht gleichzeitig in dieser offenen, nach oben gestreckten Haltung haben und dabei in Angst oder einer Depression sein. Auf diese Weise setzen wir also der Angst oder Depression über den Körper und die Körperwahrnehmung etwas entgegen. Diese Übung kannst du gut drei bis fünf Minuten lang durchführen.

Übung III

Diese Übung richtet sich besonders an Menschen mit Angst oder Depressionen sowie Menschen mit einem typischen Morgentief, die morgens etwas Anlauf brauchen.

Setze dich aufrecht hin. Setze dich auf die Bettkante, einen Stuhl oder ein Sofa und setze die Hände rechts und links neben dem Körper auf.

Gehe mit deiner Wahrnehmung in deinen Körper, spüre die Erde unter dir und nimm bewusst wahr, dass sie dich trägt. Spüre das und sage: „Ich spüre die Erde und merke, sie trägt."

Dann nimm die Hände seitlich am Körper auseinander und führe die Arme zu beiden Seiten hin ausgestreckt nach oben bis auf Schulterhöhe, sodass sie wie eine horizontale Verlängerung der Schultern nach außen weisen. Die Hände sind dabei ebenfalls gestreckt, sodass sie mit den Armen in einer Linie die Verlängerung der Schultern bilden.

Bringe deine Hände weiter von der seitlichen Ausstreckung langsam vorne zusammen. Lass Arme und Hände dabei ausgestreckt und gehe in das Empfinden, mit dieser Bewegung langsam auf dich zuzukommen. Denke dies und sage: „Langsam komme ich auf mich zu."

Nimm im nächsten Schritt die Hände mit den einander berührenden Handflächen vor der Brustmitte zusammen, wobei die Fingerspitzen zu dir hinzeigen. Schließe die Augen, denke und sage: „Ich verneige mich vor der Lebenskraft in mir."

Dann nimm beide Arme nach oben, die Hände geöffnet, und denke und sage: „Ich empfange die Kraft von den höheren Wesen (höheren Mächten, Kräften oder was auch immer für dich stimmig ist. Wenn du christlich orientiert bist, passt vielleicht „von der göttlichen Kraft")".

Lass nun die Arme wieder seitlich bis auf Schulterhöhe herabsinken und halte sie in Verlängerung der Schultern ausgestreckt. Die Hände sind nach oben abgewinkelt, ähnlich wie die Tragflächen eines Flugzeugs. Spüre der Übung nach und denke und sage: „Ich bin bereit für diesen Tag."

Führe zum Abschluss die Hände noch einmal in Höhe deines spirituellen Herzens zusammen (die Handflächen berühren sich, die Fingerspitzen weisen nach oben) und bedanke dich bei dir selbst.

Übung IV

Halte inne, um innen Halt zu finden.

Diesen findest du, indem du bewusst deinen Körper entspannst und dich im körperlichen Wohlfühlort verankerst (s. Kapitel Wohlfühlortpraxis). Hilfreich ist das zusätzliche Erspüren des Atems, ggf. atme in Richtung körperlichen Wohlfühlort.

Übung V

Rezitiere ein Mantra,

einen Schutztext (z. B. die Metta-Sutta, die Du in Teil IV findest) oder einen Bibelvers. Rezitiere ohne Pause, konzentriere dich dabei auf den Klang des Mantras. Wenn möglich, nimm dabei einen Gegenstand in die Hand. Das kann ein Stein oder ein sich angenehm anfühlendes Holz sein. Sehr hilfreich kann eine Mala sein, eine Art Gebetskette, deren Perlen du durch deine Finger gleiten lässt, oder auch einen Rosenkranz.

Übung VI

Nutze die Kraft des Gebets

Bitte überweltliche Wesen, wie Tara, Jesus, einen Bodhisattva, Maria oder Buddha um Unterstützung. Wenn möglich, visualisiere dieses Wesen in seiner Lichtgestalt über oder direkt vor dir. Es ist nicht so wichtig, dass du es dir exakt vorstellst; wichtiger ist, dich ihm zu öffnen und seine Energie zu spüren. „Bitte hilf", würde als Gebet reichen. Wiederhole diese Bitte immer wieder. Oder: „Möge ich beschützt und sicher sein!" Stelle dir vor, dein Wunsch geht in Erfüllung, himmlische Wesen beschützen dich.

Übung VII

Achte auf deine Gedanken

Nutze deine Fähigkeiten, die Gedanken zu verändern. Denke an einen vertrauenswürdigen Menschen, ein Vorbild, eine Lehrerin und stelle dir vor, diese Person steht hinter oder neben dir. Mache dir bewusst, dass Gedanken immer Ausdruck einer Perspektive sind und nicht die ganze Wahrheit abbilden können. Teile deine Gedanken anderen mit, aber sprich möglichst mit solchen Menschen, die gerade Stabilität und Zuversicht ausstrahlen. Vergegenwärtige dir die Vergänglichkeit der Angstgedanken und Angstgefühle.

Übung VIII

Nutze die Möglichkeiten der Meditation und nimm Zuflucht zu den drei Juwelen: Buddha, Dharma und Sangha. Zuflucht zum Buddha kannst du auf verschiedene Weise praktizieren:

Du kannst einen wunderschönen, goldenen Buddha visualisieren als Abbild von Buddha Shakyamuni und dich dem hingeben, wofür der historische Buddha steht. Nämlich für das Potential menschlicher Entwicklung, das der Buddha in sich vollkommen entfaltet hat und uns den Weg zu unserem Potential und dessen Entfaltung gezeigt hat.

Du kannst aber auch zum Buddha weniger als Person Zuflucht nehmen, sondern zum Wesen des Buddha als Liebe, Stille, klares Licht. Hingabe an den Buddha auf diese Weise steht für Hingabe/Zuflucht in die Einheit. Aus dieser Sicht ist der Buddha immer zugegen und du öffnest dich in der Zufluchtnahme für diese tiefe Ebene.

Zuflucht zum Dharma kann für dich bedeuten, dich dem vom Buddha aufgezeigten Weg zu Befreiung und Glück zu widmen oder du kannst dir vergegenwärtigen, woran dich das Dharma erinnert: Du bist nicht allein und unabhängig, du bist ein wichtiger Teil eines großen Ganzen und gleichzeitig ein Ganzes vieler Einzelteile. Du bist keine abgetrennte Persönlichkeit. In diesem Sinn steht das Dharma für die Vielheit der Formen und Erscheinungen und ihrer Wechselbezüglichkeit.

Zuflucht zur Sangha kann für dich bedeuten, dich auf die hochentwickelten, heiligen Schüler des Buddha auszurichten, die das Dharma praktizieren, du kannst dich aber auch auf einen für dich besonders wichtigen Meister ausrichten, der dich inspiriert. In diesem 3.

Schritt der Zufluchtnahme kannst du erkennen, dass Buddha und Dharma nicht verschieden sind, so wie Buddha Shakyamuni schon sagte: Wer den Buddha sieht, sieht das Dharma und wer das Dharma sieht, sieht den Buddha (Einheit – Vielheit). Eine konkrete Möglichkeit der Zufluchtnahme findest Du in Teil IV.

IV. Teil: Vertrauen und Liebe finden

Metta – die Entfaltung von Herzensgüte

„Von allem, was es auf dem Weg gibt – was ist das Beste?“, wurde Atisha (um 1000 n. Chr.) gefragt. Seine Antwort lautete: „Die beste Eigenschaft ist die umfassende, uneigennützige Liebe.“

Liebevolle Herzlichkeit, unbedingte Liebe, ist ein direktes Gegenmittel zur Angst. Das haben wir bereits im Kapitel zur Metta-Meditation gesehen. Der Buddha verglich Metta mit der Liebe einer gütigen Mutter. Manche von uns haben schon die Liebe zwischen Mann und Frau, Frau und Frau oder Mann und Mann erlebt. Diese Liebe ist wie die „kleine Schwester“ von Metta, sie ist relativ, bedingt. Sie ermöglicht Nähe, Austausch zwischen zwei oder mehreren Menschen. Sie bezieht sich auf die Ebene der Person, der Form. Unbedingte Liebe, Metta, bezieht sich auf die Ebene unseres tiefen SEINS. Bedingte Liebe öffnet für das Große Fühlen, ist aber abhängig von bestimmten Bedingungen; fallen diese weg, kann sie auch leicht in das Gegenteil umschwenken. Metta kann dies nicht. Absolute Liebe ist Fülle, daher braucht sie nichts. Weil sie nichts braucht, ist sie ohne Anhaftung. Ihre einzige Absicht ist, sich zu verströmen und zu verschenken. Bedingte Liebe hingegen ist begrenzt und bei ihr ist immer Anhaftung im Spiel. Solange wir im Beurteilungsmodus sind, schaffen wir Trennung, erzeugen Zuneigung und Abneigung. Neigung verzerrt unsere Wahrnehmung und führt leicht in die Angst. Mutterliebe sagt: „Ich liebe dich, weil du bist.“ Bedingte Liebe sagt: „Ich liebe dich, weil du meinen Vorstellungen entsprichst und meine Bedürfnisse befriedigst.“

Eine sehr treffende Bezeichnung von Metta finden wir im 1. Korintherbrief, Vers 13:

Wenn ich in den Sprachen der Menschen und Engel redete,
hätte aber die Liebe nicht,
wäre ich dröhnendes Erz oder eine lärmende Pauke.
Und wenn ich prophetisch reden könnte und alle Geheimnisse wüsste
und alle Erkenntnis hätte;
wenn ich alle Glaubenskraft besäße und Berge damit versetzen
könnte,
hätte aber die Liebe nicht,
wäre ich nichts.
Und wenn ich meine ganze Habe verschenkte
und wenn ich meinen Leib opferte, um mich zu rühmen,
hätte aber die Liebe nicht,
nützte es mir nichts.
Die Liebe ist langmütig, die Liebe ist gütig.
Sie ereifert sich nicht, sie prahlt nicht,
sie bläht sich nicht auf.
Sie handelt nicht ungehörig, sucht nicht ihren Vorteil,
lässt sich nicht zum Zorn reizen,
trägt das Böse nicht nach.
Sie freut sich nicht über das Unrecht,
sondern freut sich an der Wahrheit.
Sie erträgt alles, glaubt alles, hofft alles,
hält allem stand.

Die Liebe hört niemals auf.
Prophetisches Reden hat ein Ende,
Zungenrede verstummt,
Erkenntnis vergeht.
Denn Stückwerk ist unser Erkennen,
Stückwerk unser prophetisches Reden;
wenn aber das Vollendete kommt,
vergeht alles Stückwerk.
Als ich ein Kind war,
redete ich wie ein Kind,
dachte wie ein Kind
und urteilte wie ein Kind.
Als ich ein Mann wurde,
legte ich ab, was Kind an mir war.
Jetzt schauen wir in einen Spiegel
und sehen nur rätselhafte Umrisse,
dann aber schauen wir von Angesicht zu Angesicht.
Jetzt ist mein Erkennen Stückwerk,
dann aber werde ich durch und durch erkennen,
so wie ich auch durch und durch erkannt worden bin.
Für jetzt bleiben Glaube, Hoffnung, Liebe, diese drei;
doch am größten unter ihnen ist die Liebe.

Auf der körperlichen Ebene wird Metta in der Brustmitte, in der Herzchakra-Gegend lokalisiert. Wenn Metta die tiefste Energie unseres Wesens ist, ist es nichts, was wir haben oder nicht haben können, vielmehr etwas, was wir *sind*:

> Deine Aufgabe ist nicht nach Liebe zu suchen,
> sondern nach den Barrieren in dir selbst,
> die du gegen sie gebaut hast.
>
> Rumi

Wollen wir uns spirituell aus unseren Verwicklungen entwickeln, braucht es die Verbindung mit unserer Herzensgüte. Die Basis jeder Heilung, die Grundlage jeder Meditation, ist die Entfaltung von Herzlichkeit, von Metta. Liebe und Bewusstheit, in liebevoller Güte wurzelnde Achtsamkeit sind die wichtigsten Kräfte, die spirituelle Entwicklung hervorbringen und die Welt verändern können.

Das Wesen von Metta ist liebevolle Zuwendung zu allen – ohne jegliches Habenwollen, ohne Besitzanspruch. Metta beinhaltet Fürsorge ebenso wie Respekt, Verantwortungsbewusstsein ebenso wie Toleranz. Bhante Dhammadipa bezeichnete Metta als einen „Freund der Welt". Ein/e wahre/r Freund/in ist ohne Beurteilung, einfühlsam und fürsorglich, zuverlässig und ohne Selbstsucht. Wenn du Metta in dir entfaltet hast, bist du ohne Angst und deine Anwesenheit wird zu einem Segen für andere, du wirst zu einem Licht in der Dunkelheit. Metta ist kaum vorstellbar, aber erfahrbar, und wir können es in uns entfalten.

- In der Beziehung zu uns selbst zeigt sich Metta als Selbstannahme, Fürsorge und Zuversicht.
- In der Beziehung zu anderen zeigt sich Metta als Zugewandtheit, Offenheit und Akzeptanz, in der liebevollen Präsenz und dem Erleben von Verbundenheit.
- In der Beziehung zum Leben zeigt sich Metta als Angstfreiheit, Dankbarkeit und Unbeschwertheit.

Umgekehrt zeigt sich mangelndes Metta als Verschlossenheit, Unsicherheit und Angst, als Misstrauen, Rechthaberei oder in anderen Formen von Unglücklichsein.

Metta hat eine gewaltige Kraft und erweckt große Präsenz in uns. Daraus wird es uns nach innen gerichtet möglich, verborgene Ebenen unseres Menschseins zu berühren, letztendlich die basale Ebene unseres „grundlegenden Gutseins" zu entdecken. Dieses liegt viel tiefer als unsere konditionierten Persönlichkeiten. Nach außen gerichtet, werden uns auf der Basis von Metta Verhaltensweisen möglich, die uns uns nicht in der Welt verwickeln lassen und die Außenwelt zum Guten beeinflussen. Die wenigen unter den Menschenführern, die einen nachhaltig positiven Einfluss in der Welt ausübten, hatten alle ein hohes Maß an Metta in sich verkörpert. Dann wird es uns ein Bedürfnis sein, niemandem zu schaden, stattdessen andere zu unterstützen und sie zu beschützen. Dies bestätigt der Satz von Augustinus:

> „Liebe Gott und tue, was du willst."
>
> Augustinus (354 - 430)

Wenn wir in Liebe/Metta sind, dann ist tugendhaftes Verhalten (Sila) dessen spontaner Ausdruck. Wir versuchen aus der Liebe heraus, Gutes zu tun und Böses zu vermeiden – und wir lassen los. Ein wahrer Freund, der aus Metta agiert (Metta bedeutet nicht nur „liebende Güte", sondern auch „Freundschaft") klammert nicht, sondern lässt los und hält gleichzeitig die Verbindung. Metta ist eine Herzensqualität, aus der du die Silas nicht als Gebote/Verbote und nicht einmal als Richtlinien begreifst, sondern sie aus einem inneren Bedürfnis heraus mühelos praktizierst. (Vergleiche hierzu „In Einklang leben mit den ethischen Richtlinien".)

Metta Erleben bedeutet nicht, alles auszuhalten, was jemand tut und mitzumachen, was jemand von uns verlangt. Aus dem Herzen heraus kann man auf das Herz des anderen schauen und sagen: „Das, was du von mir erwartest, verlangst, mache ich nicht mit. Das tue ich uns beiden nicht an."

- Metta bedeutet nicht, dass man etwas mögen muss, was man nicht mag, „Ja" sagt, wenn man „Nein" meint.
- Metta liegt viel tiefer als bedingtes Mögen und Nichtmögen, ist ein Würdigen von Wesen zu Wesen … Leben im Wissen um die Gleichheit von allem, was lebt.
- Metta ist die Grundenergie eines befreiten Geistes. Wahres Wohlergehen beruht auf einem befreiten Geist. Frei ist dieser Geist von der Vereinnahmung von Konzepten und Beurteilungen.

- Somit ist Metta wahre Hilfe für Dich – und andere – die Welt, indem sie der Welt und dem Leben mit seiner Vielfalt und Widersprüchlichkeit liebevoll zugewandt bleibt.

Was ist die Sprache der Liebe? Die Liebe ist auf Verbindung aus, sie *ist* Verbindung. Die Liebe sagt, ich möchte, dass es uns allen gut geht. Die Liebe schaut auf das Wahre, verbindet sich mit dem Wahren. Dostojewski meinte offenbar Metta, als er formulierte:

> Einen Menschen lieben heißt, ihn so sehen,
> wie Gott ihn gemeint hat.
>
> Fjodor Michailowitsch Dostojewski

Einst kamen Schüler in großer Angst zum Buddha geeilt. Um sie von ihrer Panik zu befreien, gab er ihnen eine Belehrung, die als Metta-Sutta („Lehrrede von der liebenden Güte“) bis heute sehr bekannt ist. In diesen Unterweisungen beschreibt der Buddha Wege zur Entfaltung von Metta.

Die Metta-Sutta – Die Lehrrede von der Liebenden Güte

Wem klar geworden, dass der Frieden des Geistes
das Ziel seines Lebens ist,
der bemühe sich um folgende Gesinnung:
Er sei stark, aufrecht und gewissenhaft,
freundlich, sanft und ohne Stolz.
Genügsam sei er, leicht befriedigt,
nicht viel geschäftig und bedürfnislos.
Die Sinne still, klar der Verstand,
nicht dreist, nicht gierig sei sein Verhalten.
Auch nicht im Kleinsten soll er sich vergehen,
wofür ihn Verständige tadeln könnten.
Mögen alle Wesen glücklich sein und Frieden finden.
Was es auch an lebenden Wesen gibt:
ob stark oder schwach, ob groß oder klein,
ob sichtbar oder unsichtbar, fern oder nah,
ob geboren oder einer Geburt zustrebend –
mögen sie alle glücklich sein!

Niemand betrüge oder verachte einen anderen.
Aus Ärger oder Übelwollen wünsche man keinem
irgendwelches Unglück.
Wie eine Mutter mit ihrem Leben
ihr einzig Kind beschützt und behütet,

so möge man für alle Wesen und die ganze Welt
ein unbegrenzt gütiges Gemüt erwecken:
Ohne Hass, ohne Feindschaft, ohne Beschränkung
nach oben, nach unten und nach allen Seiten.
Im Gehen oder Stehen, im Sitzen oder Liegen
entfalte man eifrig diese Gesinnung:
Dies nennt man Weilen im Heiligen.
Wer sich nicht an Ansichten verliert,
Tugend und Einsicht gewinnt,
dem Sinnengenuss nicht verhaftet ist –
für den gibt es keine Geburt mehr.

Übersetzung: Vimalo Kulbarz

Unsere menschliche Person wird manchmal mit einem Samenkorn verglichen. Dabei entspricht das Sameninnere unserem großen/unermesslichen Potential und die Schale unserer individuellen Persönlichkeit. Die Persönlichkeitshülle umschließt das Samenpotential, also all das, was wir sein könnten. Dieses Potential wird in der buddhistischen Philosophie, wie wir gehört haben, dem Alaya-Bewusstsein zugeordnet, dem Speicherbewusstsein, aus dem sich unsere gesamte Existenz ausfaltet.

„Eine Samenhülle hat die Aufgabe, das empfindsame Leben in sich zu schützen, bis die Zeit und die Bedingungen gekommen sind, um aufzubrechen. Unsere Persönlichkeitsstruktur dient einem ähnlichen

Zweck. Sie gibt uns eine scheinbare Sicherheit, eine Art Entschädigung für den Verlust unseres umfassenderen Wesens. Aber wenn die wärmenden Strahlen der Liebe uns zu wecken beginnen, wird unsere Ich-Schale zum Hindernis, das unser Wachsen aufhält", belehrt uns John Welwood.[36]

Vorstellungen, die uns mit unseren Herzensqualitäten in Verbindung bringen, können einen Zugang zur Entfaltung von Metta sein. Umso mehr wir in einer Haltung von Metta eintauchen, erleben wir Gefühle der Zufriedenheit und Verbundenheit, Gefühle des Erfülltseins und der Freiheit von Angst. Zu Beginn üben wir die Metta-Praxis in formaler Meditation, später dann als fortwährende Übung im Alltag. Dies wird uns sehr helfen.

Wenn wir in Metta sind, kann sich Angst nicht entfalten. Wir verstärken dann keine problematischen Samen im Alaya-Bewusstsein, sondern lösen negative Eindrücke auf. Liebe und Bewusstheit, in liebevoller Güte wurzelnde Achtsamkeit, sind die wichtigsten Kräfte, um die Innen- wie die Außenwelt zum Positiven zu verändern. Es braucht eventuell eine gewisse Anstrengung, zumindest einen bewussten Entschluss, um ins fühlende Bewusstsein, in fühlende Verbindung zu kommen, bzw. immer wieder dorthin zurückzufinden. Wir verlieren in Situationen von Unruhe, Unsicherheit und Angst immer wieder schnell die Verbindung zu uns selbst. Aber wir alle haben die Fähigkeit, im Körperbewusstsein zu verweilen und zu entscheiden, worauf wir den Fokus legen: mehr auf das Feld unserer Gedanken oder mehr auf direkte

---

[36] John Welwood, S. 39.

Körpereinfühlung. Und wir können lernen, mehrere Bewusstseinsarten gleichzeitig zu nutzen und den Fokus zu verschieben. Wir können uns von Unsicherheit und Angst befreien, indem wir bewusst in eine subtilere Verbindung, eine Nähe zu uns selbst, gehen.

Wenn wir in Metta sind, fühlen wir uns mit etwas Größerem, Erhabenerem in Verbindung als unserem kleinen, schutzbedürftigen selbstbezogenen Ich. Die Folge ist Erleben von Grundvertrauen und Zuversicht bei gleichzeitiger Abnahme von Unsicherheit und Angst.

Was, wenn das Herz verschlossen ist? Es zählt zu den uns alle verbindenden Erfahrungen, dass wir immer wieder Enttäuschungen erleben, Verluste ertragen müssen, Verletzungen spüren werden. Heutzutage ist bei vielen Menschen der Zugang zur ihnen innewohnenden Liebe blockiert. „Bedingungslose Liebe zu entfalten fällt mir schwer und mich selbst zu lieben ist schier unmöglich“ – solche oder ähnliche Aussagen höre ich in persönlichen Gesprächen immer wieder. Manchmal ist unser Herz vielleicht sehr wund oder verschlossen und Metta/Liebe ist nicht spürbar. Oft sind wir vielleicht im Tun-Modus, welcher jedoch den Zugang zu diesen tiefen Herzensqualitäten blockiert, wie Wolken den Zugang zur Sonne versperren. Du kannst dir Metta jetzt zwar vornehmen oder verordnen, aber das wird vermutlich nichts verändern. Auch wenn du dir oder anderen die traditionellen Metta-Sätze wünschst:

„Möge ich glücklich sein, mögen alle Wesen glücklich sein“,

werden diese Wünsche möglicherweise „im Kopf ausgesprochen“, werden mechanisch bleiben und nicht dein Herz berühren.

Vor allem wenn verletzliche Selbstempfindungen in uns aktiviert sind, drohen wir in alte Unbewusstheit abzugleiten. Wir rutschen dann in die Trance konditionierter Emotionen und uns selbst schädigender Gedanken. Statt Metta entstehen dann leicht Unsicherheit, Selbstzweifel und Angst.

Kürzlich, während eines Retreats, unmittelbar vor einer Metta-Meditation, die ich anzuleiten hatte, platzte jemand in mein Zimmer und war voller Wut. Er beschimpfte mich heftig wegen einer missverständlichen Äußerung, die ich während eines Vortrags am Vormittag gemacht hatte. Seine Worte und Gesten waren so aggressiv, dass ich sehr erschrak und sich etwas in mir verschloss – „wie kann ich unter solchen Bedingungen jetzt eine Metta-Meditation anleiten", fragte ich mich.

Wie können wir Metta – von dem es ja heißt, es sei schon in uns – entfalten, wenn unser Herz verschlossen ist? Das ist eine wichtige Frage.

Immer, wenn wir merken, dass wir empfindlich reagieren und schnell emotional werden, braucht es ein Verlangsamen sowie bewusste Selbstzuwendung und Entspannung auf der körperlichen Ebene. Am Anfang steht das Verlangsamen oder Innehalten.

Verlangsame deinen Tun-Modus und öffne dich nach innen, spüre nach innen. Spüre deine Gefühle, deine Stimmungen, deine innere Gestimmtheit und begegne allem mit Akzeptanz. Es braucht hierzu von dir einen bewussten Entschluss, wenn Sorgen, Ängste oder andere Schwierigkeiten dich zu vereinnahmen drohen. Eine der „Hauptsünden gegen die Liebe" besteht nach dem Sufi-Meister Inayat Khan darin, „vor den Sorgen, Schmerzen, Schwierigkeiten und Hindernissen zurückzuweichen, die uns auf dem Pfad der Liebe begegnen". Wenn also kein Metta in dir spürbar ist, stattdessen kleinliche Gedanken und schwierige innere Zustände dominieren, gestehe dir dein Erleben ein. Bereits im Eingestehen gehen Kanäle nach innen auf. Auf dem Weg zu Metta werden wir mit unserer Enge, unserer Ängstlichkeit und Kleinlichkeit, mit unseren Verletzlichkeiten konfrontiert. Aber genau dies braucht es, um sie zu heilen. Solange sie im Halbbewussten schlummern, glauben wir leicht, wir hätten bestimmte Dinge in uns schon geläutert oder überwunden und damit täuschen wir uns selbst.

Wenn der Körper entspannt ist, kann der Geist leichter annehmen. Im Annehmen weitet und öffnet sich etwas. Ein großer Teil unseres Übens ist darauf ausgerichtet, dass wir gütig und mitfühlend bleiben, auch wenn verletzliche Eindrücke aktiviert sind und aufgrund äußerer Umstände oder innerer Bedingungen schwierige Anteile ins Bewusstsein kommen und dort dominieren. Um in solchen Situationen in Metta zu kommen, brauchen wir eine tiefere Verkörperung, eine intensivere, verfeinerte Präsenz in unserem Körper, z. B. im Wohlfühlort. Solange wir in tiefer, liebevoller Selbstverbundenheit verankert sind, eröffnen sich uns ganz andere Möglichkeiten, als wenn wir in einer verletzlichen Selbstempfindung sind. Dann gehen wir leicht in eine Verteidigungshaltung mit entsprechenden körperlichen Verspannungen. Die Tür zu Metta ist dann verschlossen, bestenfalls angelehnt. Aus einer verletzlichen Selbstempfindung werden wir eher gereizt, übellaunig oder aggressiv nach außen und selbstabwertend oder selbstzerstörerisch nach innen sein.

Der Schlüssel zu Metta besteht darin, durchlässiger zu werden für die Liebe in uns. Indem wir mehr und mehr das annehmen und dem Raum geben, was in uns lebendig ist, kann sich die Tür einen Spalt breit öffnen und Metta entfalten.

Verzichte hierbei so gut es dir möglich ist auf jedes Beurteilen, Unterdrücken und auch Ausagieren. Es geht um das radikale liebevolle Annehmen dessen, was in dir ist, ohne Widerstand und ohne weitere Verstärkung durch Gedanken, Begründungen und Bewertungen. Achte darauf und bemerke möglichst rasch, wann und wo du dich verkrampfst und sich Barrieren aufbauen. Spüre dabei dein Getrenntsein von Liebe und gleichzeitig deine Sehnsucht nach Liebe, Wärme und Geborgenheit. Gestehe dir schwierige Gefühle und belastende innere Zustände wie Enge, Druck und Angst ein und spüre dahinter den Wunsch nach Geborgenheit, nach Getragensein und Liebe.

Selbsteinfühlung geht einher mit dem Erleben unserer Sehnsucht nach Liebe, Harmonie und menschlicher Wärme. Wir spüren die Energie unserer Sehnsucht, ohne deren Erfüllung mit einer bestimmten Person oder Sache zu verbinden. Du kannst die Energie der Sehnsucht geradezu als Erfahrung im Körper spüren, möglicherweise besonders im Brustraum, in der Herzchakragegend. „Diese Art von Sehnsucht ist Hingabe an das Wahre, an das Unendliche, an das ewige Herz des Seins", erklärt der indische Weise Nisargadatta Maharaj.

Die Sehnsucht gleicht einer Flamme, in der Kruste um Kruste, Schicht um Schicht begrenzender Selbstbilder und einengende Muster weich werden oder verbrennen können. Mit der Sehnsucht verbunden ist oft eine subtile Trauer. Sie ist nicht besetzend oder gar herzzerreißend, sondern ganz fein. Habe nichts gegen diese Trauer, denn sie weicht die Krusten auf, die sich um dein Herz gelegt haben, sie öffnet dein Herz. Spüre deine Sehnsucht, gib ihr Raum, und dann wende dich deinem Körper zu.

In unserer Gesellschaft wird viel Wert auf *Haben und Tun* gelegt und darauf viel Energie verwandt, zugleich wird wenig Wert auf *Sein*, herzliches Sein, gelegt. Bevor du beginnst zu handeln, bevor du auf den Wegen der Psychotherapie oder spiritueller Methoden beginnst, an deinen verdeckenden, begrenzenden, verdunkelnden Anteilen zu arbeiten, spüre zunächst deine Sehnsucht, halte inne und gib ihr Raum.

> Die Tiefe der Sehnsucht ist es, die die ganze Arbeit verrichtet.
>
> Kabir[37]

Dich der Sehnsucht zu öffnen macht dich weich – löst – macht dich weiter – bringt dich mit deinem Herzen in Kontakt, mit deinem *Sein*. Ähnliches ist auch durch Dankbarkeit möglich.

> Dankbarkeit geht Hand in Hand mit Liebe,
> und wo die eine ist,
> muss auch die andere zu finden sein.
>
> Ein Kurs in Wundern

---

[37] Kabir (1440 – 1518) war ein indischer Weber und Mystiker, für den es nur eine Menschheit gab. Das unterschied ihn stark von der religiösen Abgrenzung, wie sie die religiöse Elite der Muslime und Hindus seiner Zeit praktizierte.

Die Sehnsucht spüren und dankbar sein. Dankbarkeit, Erfülltheit und Lebensfreude sind Ausdruck von Metta in Beziehung zum Leben. Wenn wir Dankbarkeit erleben, empfinden wir spontan den natürlichen Wunsch, dass es allen Wesen gut gehen möge, die Welt in Frieden leben und jeder wahre Erfüllung finden möge. Cicero sagte, Dankbarkeit sei nicht nur die größte aller Tugenden, sondern auch die Mutter von allen. Die Psychotherapeutin Ursula Nuber beschreibt Dankbarkeit als eine Ressource, die einem das Leben unendlich erleichtern kann. Dieses Gefühl, tief empfunden, schützt vor Enttäuschungen und Verbitterung und nimmt den unvermeidlichen Nackenschlägen des Schicksals viel von ihrer Kraft.[38]

Ich selbst habe viel gelernt in der Begleitung meines Vaters durch die Stadien seiner Demenz. Gelernt habe ich, wie unsinnig es ist, sich an der oberflächlichen Form aufzuhalten und an Rollen zu kleben. Wir alle sind so viel mehr, so viel größer als unsere Rollen und Funktionen. Für meinen Vater und mich war es möglich, die Verbindung bis zum Schluss zu halten. Auf dem Weg galt es, die Rollen als Vater und Sohn mehr und mehr hinter uns zu lassen und uns stattdessen auf einer Herzensebene zu verbinden, die nur noch eine geringe persönliche Färbung trug. In dieser Begleitung habe ich ebenfalls die verändernde und öffnende Kraft der Dankbarkeit erlebt.

---

[38] *Psychologie Heute 32,*S. 43.

Selbstvertrauen und Vertrauen

Die Entwicklung eines stabilen Selbstwertgefühls und ein gut fundiertes Selbstvertrauen sind Unsicherheit und Angst direkt entgegengesetzt. Unsicherheit und Selbstvertrauen können nicht gleichzeitig bestehen. In unserer Zeit, in unseren westlichen Gesellschaften dominiert das Verstandesbewusstsein. In der Folge verlieren die Menschen mehr und mehr die Nähe zu sich selbst. Wenn wir keine Nähe zu uns selbst erleben können, fällt es schwer, uns zu fühlen. Wenn wir uns nicht mehr fühlen können, wie wollen wir dann unseren Selbstwert fühlen? Wir glauben dann unseren Selbstkonzepten, nicht unserem Selbstgefühl. Selbstkonzepte erscheinen immer wieder im Bewusstsein, in bestimmten Situationen sogar oft sehr schnell, und geben vor, wahr zu sein. Doch kein Bild, kein Konzept, das du von dir hast, entspricht der Wahrheit. Ein wichtiger Aspekt unserer spirituellen Praxis besteht darin, uns von unseren Selbstbildern zu befreien, diese tiefsitzenden Vorstellungen und festen Skripte von uns zu verändern und schließlich aufzulösen.

„Mit dem Verstand identifiziert zu sein“, erklärt Eckhart Tolle, „bedeutet, von seinem tieferen Selbst und seiner wahren Kraft getrennt zu sein. Deshalb fühlt sich das mit dem Verstand identifizierte Ego immer verletzlich und unsicher, es empfindet immer Bedrohung und lebt ständig in Angst.“[39] Das Verstandesbewusstsein befindet sich oft im Tun-Modus, meist beurteilend, interpretierend und oft sehr schnell reagierend. Dabei

---

[39] Eckhart Tolle und Sri Aurobindo: *Ein neues Denken – ein neuer Mensch – eine neue Welt*, S. 23.

fühlen wir uns nicht nur gestresst, sondern auch unsicher, allein und einsam – ohne wirkliche Nähe zu uns selbst. Wenn dann später Nähe zu uns möglich wäre, können wir sie kaum zulassen. Ein Teilnehmer eines Retreats berichtete mir kürzlich: „Im Berufsalltag fühle ich mich sehr gestresst und zu Hause fühle ich mich einsam. Diese Einsamkeit übertünche ich mit Internet und Fernsehen. Aber hier im Retreat einfach nur da zu sein, ohne Fernseher und Internet, nur mich selbst zu spüren, ist für mich kaum auszuhalten.“

Wenn das Verstandesbewusstsein sehr dominant ist, muss es ständig mit etwas beschäftigt und gefüttert werden. Futter für das Verstandesbewusstsein ist alles, was das Denken anregt, seien es Fernsehen, Internet, Lektüre oder etwas anderes. Damit ist nichts gegen die Fähigkeit des Denkens gesagt, im Gegenteil: Unser Denkvermögen bedeutet ein großes Potential und unterscheidet uns von der Tierwelt. Doch „alles, was zu viel wird, wird zu Gift“, heißt es in der Medizin. Über uns selbst nachdenkend, oft in bestimmten konzeptionellen Gedankenschleifen grübelnd, sind wir von uns selbst getrennt. Verlorengegangenes Selbstvertrauen versuchen wir mit Kontrolle zu kompensieren. Wir versuchen, unseren Alltag, unser Leben in den Griff zu bekommen, und da das nicht funktioniert, erleben viele Menschen als Grundgefühle Unsicherheit und Angst.

Ich habe in meinem Berufsalltag einige Tausend Operationen durchgeführt. In den Vorgesprächen und vor der Einleitung der Narkose berichteten mir die Patientinnen immer wieder glaubwürdig, keine Angst vor dem operativen Eingriff zu haben, wohl aber vor der Narkose, die sie mit dem Verlust ihrer Selbstkontrolle verbanden. Unsere begrenzenden

Selbstkonzepte blockieren unsere spirituelle Entwicklung und führen zu mannigfaltigen Störungen im Beziehungsleben und in der Sexualität. „Ich komme in meiner Praxis kein bisschen voran und Erleuchtung ist für mich unmöglich.“, erklärte mir kürzlich eine langjährig Meditierende. Ein anderer Sangha-Freund schrieb: „Eigentlich sind und waren alle meine Ängste, Selbstzweifel und Unsicherheiten in Bezug auf Liebesbeziehungen immer meiner tiefen, teilweise unbewussten Überzeugung geschuldet, dass ich, vor allem mit meinen Schwächen und Fehlern, nicht liebenswert bin.“

Wie wir schon im Kapitel zu den verletzlichen Selbstempfindungen gesehen haben, sind im Zusammenhang mit Selbstvertrauen oder Unsicherheit nicht nur kulturelle Prägungen von großer Bedeutung, sondern auch individuelle aus der frühen Kindheit. Wenn wir zu wenig von dem, was nährt und nutzt, bekommen haben und oder zu viel von dem, was schwächt und schadet, entstanden daraus Schwierigkeiten, mit denen wir es eventuell bis heute zu tun haben.

Was nährt das Selbstvertrauen und was nutzt ihm? Es sind Liebe, Wertschätzung, Interesse, Zugehörigkeit und Verbundenheit.

Was schwächt es und schadet ihm? Emotionale Kälte, Ignoranz, übermäßige Kritik, mangelnde Einfühlung und daraus folgende Einsamkeit.

Sylvia Wetzel beschreibt drei Ebenen des Vertrauens, nämlich gläubiges Vertrauen, Vertrauen aus Einsicht und Vertrauen aus Erfahrung.[40] „Zunächst entfalten wir kindlich-gläubiges Vertrauen in

[40] Sylvia Wetzel: *Leichter leben*, S. 125.

unsere frühen Bezugspersonen, später lernen wir genauer zu unterscheiden und zu argumentieren. Wir lernen uns selbst und unsere Kultur genauer kennen, verwerfen bestimmte Werte unserer Elterngeneration und nehmen neue an. So entsteht Vertrauen aus Erfahrung. Im Laufe der Jahre machen wir dann viele eigene Erfahrungen, lernen kennen, was im Leben wirklich trägt, und gewinnen Vertrauen aus Einsicht", führt sie aus. Bezugspersonen und Vorbilder können uns bei diesem Entwicklungsprozess begleiten und als Orientierung dienen. Nun gehört zu den grundlegenden Erfahrungen im Kindesalter, dass nicht alles in der Erwachsenwelt vertrauenswürdig ist.

Jeder von uns hat Erfahrungen im Laufe des Lebens machen müssen, die unser Vertrauen beschädigt und zu verletzlichen Eindrücken im Alaya-Bewusstsein geführt haben. Doch jeder trägt auch eine Menge unterstützende Eindrücke, in denen ihm ein anderer Mensch liebevoll zur Seite gestanden hat, in sich, sonst hätten wir nicht überlebt. Auch wenn unser Selbstvertrauen erheblich beschädigt wurde, tragen wir dennoch das Potential, um neues Vertrauen in uns wachsen zu lassen, in uns. Dazu brauchen wir entsprechend nährende Bedingungen und Erfahrungen. Wie können wir nun solche Vertrauen fördernden Bedingungen schaffen?

Es hilft wenig, sich Selbstvertrauen zu befehlen oder Selbstsicherheit zu verordnen. In entsprechenden Situationen, z. B. in der Sexualität, können wir leicht erkennen, dass wir uns kaum aus Unsicherheit und Angst herausdenken können. Wie können wir uns dann von falschen Selbstbildern lösen? Wir können uns daran erinnern, was über den Eingangstoren vieler buddhistischer Tempel und Stupas auf Pali geschrieben steht: „EHI PASSIKO – Komm und sieh".

Komme zu dir, sei dir nah und sieh selbst, was in dir gerade lebt. Welche Bilder sind in dir aktiv? Hörst du gerade die Stimme des Selbstzweifels? Der Selbstzweifel ist nicht auf der Suche nach der Wahrheit, sondern auf der Suche nach Fehlern, nach Negativem. Meldet sich gerade wieder diese altbekannte Stimme als Ausdruck einer Konditionierung, die Dinge sagt wie: „Du wirst es nicht schaffen, du bist es nicht wert, du und dein Anliegen sind unwichtig, du bist immer wieder gescheitert und hast nichts Vorzeigbares zustande gebracht"?

Allem, was du in dir vorfindest, Beachtung zu schenken, ist ein essentieller Schritt.

> Die Teile unserer Psyche, die wir nicht sehen,
> nicht beachten und nicht fühlen,
> sind die Quellen aller Neurosen und Leiden.
>
> Carl Gustav Jung

Der Weg, um Verborgenes offenkundig werden zu lassen und befreiendes Verständnis zu entwickeln, ist die bewusste Zuwendung zu dem, was sich zeigt, und seine Akzeptanz. Achtsame Zuwendung und Akzeptanz in höchster Form bedeuten Gleichmut. Umgekehrt ist die „Unfähigkeit zur Selbstannahme die Sünde der Welt", wie es ein christlicher Pfarrer kürzlich in einem Gespräch ausdrückte.

Es mag schwierig erscheinen, sich selbst anzunehmen bei allem, was wir von uns zu wissen glauben, aber es wird einfacher, wenn wir es wirklich versuchen. Es braucht Entschlusskraft und eine achtsame

Präsenz in der Selbstzuwendung, sonst rutschen wir immer wieder in die Trance konditionierter Emotionen und uns selbst schädigender Gedanken. Vor allem, wenn verletzliche Selbstempfindungen aktiviert sind mit ihrer Tendenz, uns in die Unbewusstheit zu treiben – wir erkennen sie daran, dass wir empfindlich reagieren und schnell emotional werden –, brauchen wir ein Verlangsamen und bewusstes Entspannen. Wenn wir uns entspannen, können wir unser Innenleben eher akzeptieren. Wenn der Körper entspannt wird, kann der Geist leichter annehmen. Im Annehmen ist Offenheit. Das, was du in dir beobachtest oder fühlst, wird weder blind ausagiert noch verdrängt, sondern eingeordnet.

Annehmen hat damit zu tun, zuzulassen, sein zuzulassen, Wandlung zuzulassen. Versuche einen Geist zu entwickeln, dessen erste Reaktion „Ja“ ist. Zu diesem „Ja“ kann sich noch ein „Jetzt“ gesellen. „Ja, jetzt spüre ich eine Beklemmung.“ Empfindest du das gegenwärtige innere Geschehen als schwer annehmbar, setze ein „Noch“ hinzu. „Ja, jetzt fühle ich mich noch einsam.“ Versuche dabei auch, zu erkennen, welche Wirkung diese Achtsamkeit auf dein Selbsterleben hat. Achtsamkeit und Annehmen sind nichts Passives, sondern ein Zustand voller Kraft. Diese Kraft ermöglicht dir, deine Verletzlichkeit und deine Schuldgefühle zu berühren und ungeliebte Schattenseiten ans Licht zu bringen und zu verstehen. Wenn du im Lichte deiner Innenschau erkennst, dass du im Widerstand bist, dann registriere und akzeptiere ihn. „Es sollte anders sein, ich sollte anders sein“, ist die Sprache des Widerstandes. Wird er akzeptiert, fällt er in sich zusammen. Widerstand lebt von noch mehr Widerstand. Umgekehrt ist Akzeptanz für den Widerstand das, was die

Nadel für den Luftballon ist. Im Annehmen weitet sich etwas in uns, da entsteht ein Raum in uns.

Bitte erinnere dich an eine Situation, in der dir jemand annehmende, einfühlsame Aufmerksamkeit geschenkt hat, als dich jemand in schwierigen Zuständen aushielt und bei dir blieb. Vermutlich wurdest du lebendiger, belebter, du spürtest dich besser, die Verbindung zu dir selbst vertiefte sich, du kamst dir näher und deine Wahrnehmung weitete sich. Suche dir einen Menschen, der dir zuhört, der sich einlässt, der zu Mitgefühl fähig ist. Wenn die Unfähigkeit zur Selbstannahme die Sünde der Welt ist, bedeutet, dich angenommen und geliebt zu wissen, das direkte Heilmittel. Um Selbstvertrauen aufzubauen braucht es einerseits die akzeptierende Hinwendung zu dir selbst und andererseits einen Menschen, der dich aus der Liebe heraus anschaut.

Eine Chance, solche Menschen zu treffen, findest du in einer Sangha. Vertrauen braucht positive Erfahrungen. In der Sangha, in der Gegenwart edler Freunde, gib es gute Möglichkeiten, dass sich Menschen als vertrauenswürdig erweisen. Vertrauenswürdig erweisen sich Menschen umso mehr, je achtsamer sie sich auf das Gute ausrichten, die Tugendrichtlinien respektieren, die Lehre studieren und sich selbst Schritt für Schritt in Richtung Weisheit entwickeln. Eine Vorbildfunktion haben dabei die Älteren und natürlich besonders der Lehrer. Es braucht für unsere spirituelle Entwicklung das Gegenüber und auch die Kraft von außen. Eine irrige Vorstellung in manchen (buddhistischen) Kreisen meint, man müsse in der eigenen spirituellen Entwicklung alles selbst bewerkstelligen. Das ist nicht in Übereinstimmung mit der bekannten Aussage des Buddha, dass noble Freunde das ganze spirituelle Leben ausmachten. In der tibetischen Tradition wird dem Lehrer, dem äußeren Guru, eine besondere Rolle zugeschrieben. Er schaut den Schüler aus mitfühlenden Augen, mit liebevollem Herzen an; das wendet bei manchen Schülern die Not, ist also not-wendig für den Heilungsprozess.

Ich bin vielen Lehrern, auch im nichtspirituellen Gewand, dankbar. Als Student gehörte zu meinen beengenden Selbstkonzepten die Annahme, ich hätte zwei linke Hände, sei also für operative Fächer ungenügend. Damals gab es in der Klinik, wo ich arbeitete, eine chirurgische Assistenzärztin, die mich mochte und an mich glaubte. In einem gemeinsamen Nachtdienst wurde ein Mann mit einer großen Platzwunde am Kopf eingeliefert. Er war sehr betrunken, spürte die Wunde deshalb auch nicht und schlief bald auf dem OP-Tisch ein, und zwar ohne Narkose. Die Assistenzärztin ließ mich nun die Wunde nähen. Es war das erste Mal, dass mir in dieser Hinsicht operatives Geschick zugetraut wurde. Ein geübter Chirurg hätte für die Naht zehn oder fünfzehn Minuten gebraucht, ich benötigte zwei Stunden. Der Patient schlief die ganze Zeit seinen Rausch aus und die Assistenzärztin stand geduldig neben mir, nur hin und wieder gab sie einen Hinweis. Schließlich war die Wunde versorgt und für mich ein Bann gebrochen. Jemand hatte an mich geglaubt, mir vertraut und etwas zugetraut – das öffnete die Tür und bereitete den Boden für wachsendes Selbstvertrauen.

Je mehr im menschlichen Miteinander persönlicher ich-bezogener Wille im Spiel ist, umso weniger Vertrauen ist gerechtfertigt. Auf Meinungen, Vorstellungen und persönliche Beurteilungen ist wenig Verlass. Je mehr sich dir jemand in Herzlichkeit offen annehmend und aus Mitgefühl nähert, umso vertrauenswürdiger und unterstützender kann dieser Mensch für dich werden.

Annehmen geht Hand in Hand mit Loslassen. Im Annehmen willigen wir ein, dass etwas ist, wie es ist, im Loslassen lassen wir gehen, was geht. Wenn dich in deinem Leben keine äußere Person liebevoll anschaut, kannst du dir in der Imagination eine innere Begleiterin, einen inneren Unterstützer wählen. „In der Imagination wird vieles möglich, was wir nicht für möglich halten, was uns gar als phantastisch erscheint.“[41] In der Imagination stellen wir etwas nach außen, schaffen ein Du, ein Gegenüber, um es später wieder nach innen zu nehmen. Die Imagination kann eine konkrete Person sein, z. B. deine Großmutter, oder eine göttliche Erscheinung, wie Tara, oder eine Farb- oder Lichtvorstellung. Imaginationen werden über längere Zeit immer wieder aufgenommen. Auf diese Weise „beleben die inneren Begleiter Gefühle in uns, die wir nicht kennen, damit bewirken sie aber auch ein Verhalten, das uns neu ist, gerade auch ein Verhalten im Zusammenhang mit anderen Menschen.“[42] Die Imagination eines Unterstützers ermöglicht uns, uns mit Selbstkonzepten und daraus folgenden irritierenden oder blockierenden Affekten auseinanderzusetzen. Für mich ist es die Vorstellung meiner Großmutter, die mich mit ihren liebevollen Augen anschaut, oder die Imagination meiner Lehrerin, die manchmal mit der Imagination von Tara verschmilzt, die mich darin unterstützt, meine innere Welt zu verstehen und neu zu gestalten.

---

[41] Verena Kast: *Imagination*, S. 11.
[42] Ebd., S. 125.

Das Eigentliche in der Imagination ist für mich die Liebe. Solange ich in Selbstzweifeln festhänge, bin ich von der Liebe abgeschnitten. Dann hilft nur das Du, dieses Du ist die Liebe, die ich in mich hineinnehme und die die Kanäle zur mir innewohnenden Liebe und zu meinem Selbstmitgefühl öffnet. Je mehr ich mit diesen Ressourcen in Verbindung komme, umso mehr reduziert sich die Ich-Zentriertheit. Grund für Visualisierungen ist, dass wir in fühlenden Kontakt mit Qualitäten in uns selbst kommen und uns selbst nahekommen. Wenn wir in eine tiefere Verbindung zu uns selbst gelangen, bedeutet das nicht, dass wir uns anderen gegenüber verschließen, sondern im Gegenteil, wir finden in eine sanftere Nähe, ähnlich wie früher als Kind.

Nach den ersten Schritten in Richtung Selbstvertrauen werden tiefere Ebenen des Vertrauens aus „weisem Erwägen“ geboren. Wir nutzen unsere Intelligenz und unser Unterscheidungsvermögen, um unsere Erfahrungen zu untersuchen. Wenn wir uns trauen, Gewohntes zu hinterfragen, vor allem unsere Vorstellungen und Konzepte zu überprüfen, wenn wir lernen, selbstständig zu denken, wächst unser Selbstvertrauen. Hilfreich ist dabei, uns über unsere Ansichten und Einschätzungen mit anderen auszutauschen, um uns allmählich immer weiter zu öffnen und die Perspektive zu weiten.

In der Welt praktizieren wir *Dana*[43] und üben uns in den Tugendregeln, den Silas. So gewinnen wir Vertrauen in die eigene Kraft, Gutes zu tun und im positiven Sinn wirksam zu sein.

Wir vervollkommnen unsere Achtsamkeit und befähigen uns, die Lücke zwischen Erleben/Wahrnehmen und Reagieren zu vergrößern. Durch diese Lücke erkennen wir, dass wir die Wahl haben, ob und wie wir reagieren wollen. Und wir erkennen immer deutlicher, wie wir selbst und andere die eigene Realität selbst aufbauen können. Achtsamkeitspraxis befähigt uns, in der Welt nicht impulsiv und rücksichtslos zu reagieren, auch wenn die Situation für uns schwierig ist und verletzliche Selbstempfindungen berührt wurden. Hierbei wächst auf natürliche Weise unser Selbstvertrauen.

Wir sehen uns und andere ganzheitlicher. In unsere Arztpraxis sind immer wieder Menschen gekommen, die ganzheitlich behandelt werden wollten. Wenn ich dann fragte, was sie unter ganzheitlich verständen, kam meist der Wunsch, ihr Gefühlsleben, biografische Details etc. in die ärztlichen Überlegungen mit einzubeziehen. Doch dies allein scheint mir nicht genug. Eine ganzheitliche Betrachtung kann nur dann heilend wirken, wenn wir uns als Mensch wahrnehmen, als Teil eines großen Ganzen und gleichzeitig als ein Ganzes vieler Teile. Indem wir uns allmählich dem Kern, der Essenz der Buddhalehren öffnen, nämlich der

---

[43] Dana (Sanskrit/Pali Dāna) bedeutet „Gebefreude" und bezeichnet im Buddhismus allgemein etwas, was gegeben oder geschenkt wird, ohne eine Gegenleistung zu erwarten oder auch nur zu erhoffen. Im Dana richten wir uns aus auf andere und deren Bedürfnisse. Die Freude entwickelt sich aus dem Zurücktreten von dem Drehen um uns selbst und von der freundlichen Verbindung zu anderen.

Einsicht in die universelle Verbundenheit und Wechselbezüglichkeit, kann in unserem Leben nichts mehr bedeutungslos, können wir als Individuum und Teil des Ganzen nie unwichtig sein. Die Buddhalehre führt uns zu der Erkenntnis, dass wir alle eingebettet sind in ein größeres Ganzes, was mit den üblichen Sinnen und dem Verstand nicht zu erfassen ist.

Monika Renz bemerkt, dass „in der Annäherung an die Frage, was Ganzheit sei, bei vielen Menschen auffällt, dass sie Begriffe wie ‚Kosmos', das ‚Transzendente', ‚schöpferisches Nichts' weniger scheuen als den Ausdruck ‚Gott'. Sie sind auf der Suche nach Spiritualität und Bewusstseinserweiterung, doch dies lieber ohne Beziehung zu Gott und ohne Verbindlichkeit zur Ganzheit. Sie können im Großen kein Du fühlen noch aushalten."[44]

Eingebettet sein in einer wechselseitigen Beziehung zum Ganzen meint nicht nur das Seiende, sondern auch das Potential zum Werden, den bergenden, weiblichen wie den hervortretenden, männlichen Aspekt in uns allen. Aus buddhistischer Sicht ist das Ganze ein Synonym für Alaya-Bewusstsein. „Im Alaya-Bewusstsein ist alles enthalten. Ein Gewahrsein zu entfalten für Alaya-Bewusstsein ist der königliche Weg zu Nibbana", belehrte uns Bhante Dhamadipa im Juli 2012.

Wir wissen: Alle Bewusstseinsarten entfalten sich aus dem Alaya-Bewusstsein, und noch bevor sie sich entwickeln und differenzieren, bevor unsere intellektuellen Qualitäten ausreifen, haben wir Teil am Ganzen, genauer: sind wir ein Teil von ihm. „Sich auf dieses Sein als

---

[44] *Zwischen Urangst und Urvertrauen*, S. 46.

Ursprung allen Lebens einzulassen, bedeutet, sich von Grund auf und nicht erst in der Folge von Leistungen und Verdiensten angenommen zu wissen."[45]

Minderwertigkeitsgefühle, Einsamkeit, das Gefühl, nicht zu stimmen – all das taucht erst auf, wenn die Verbindung zum Ganzen verloren gegangen ist. Die Teilhabe, das Verbundensein im Ganzen, ist unser ursprünglicher Zustand, aus dem wir unsere Lebensform ausfalten und in den wir sie im Sterbeprozess wieder einfalten. Älter als alle Differenzierung, älter auch als die Beziehung zur Mutter, zum Vater ist eine Beziehung zum Ganzen. Monika Renz formuliert: „Ich bin in der Ordnung drin und also selbst in meinem Wesentlichen in Ordnung."

Hier treffen sich Christentum und Buddhismus. Dies gilt es wieder und wieder zu durchdenken und als erkannte Erfahrung sich entfalten zu lassen.

Zufluchtnahme

Karla kam eine Zeit lang regelmäßig zu meinen Unterweisungen. Sie erlernte und praktizierte verschiedene Meditationsübungen und engagierte sich in unserem Zentrum. Dann allerdings, ohne für mich ersichtlichen Grund, wurden ihre Besuche seltener. Auf meine Nachfrage anlässlich eines Dharma-Gesprächs berichtete sie leise: „Meine Angst wird immer größer und in der Dunkelheit traue ich mich gar nicht mehr

[45] Monika Renz: *Zwischen Urangst und Urvertrauen*, S. 85.

aus dem Haus. Einerseits fühle ich mich in meiner Wohnung sicher, andererseits fühle ich mich einsam und wäre zu gern bei euch. Überhaupt wird meine Sehnsucht immer größer." „Sehnsucht wonach?", fragte ich weiter. „Ich spüre Sehnsucht nach Geborgenheit, nach Zugehörigkeit, nach Frieden und Einheit", antwortete sie.

Diese Sehnsucht scheint uralt zu sein und die Menschen unabhängig von ihrer Kultur und der geografischen Zone, in der sie leben, zu bewegen. Ein Ende aller Unsicherheit, Einsamkeit, Sorge und Angst verspricht buddhistisch Praktizierenden das Ritual der Zufluchtnahme zu Buddha–Dharma–Sangha. Diese Zufluchtsobjekte werden als die drei „Juwelen" oder die drei „Kostbarkeiten" bezeichnet. „Was bedeutet Zufluchtnahme, und wie mache ich das?", fragte Karla eines Tages in einem Telefonat. Nach meinem Verständnis bedeutet Zufluchtnahme zu Buddha, zur Lehre (Dharma) und zur Gemeinschaft der hochentwickelten Schüler (Sangha), sich für einen buddhistischen Praxisweg zu entscheiden und ein Schüler zu werden. Am Anfang ist demnach die Zufluchtnahme Ausdruck eines Entschlusses. Indem du mit den drei Juwelen vertraut wirst und Herz und Geist immer wieder auf sie ausrichtest, werden sie allmählich zu einem Schutz, einem sicheren Hafen, entsprechend dem Maß deines Einlassens und deiner Hingabe. Diesen sicheren Hafen kannst du dann sehr schnell erreichen, wenn die Stürme des Lebens an dir rütteln, wenn Verletzlichkeiten aktiv sind und damit verbundene Gefühle dich zu vereinnahmen drohen.

„Aber der Buddha ist doch schon so lange tot, wie kann ich da Kraft in der Zufluchtnahme zu ihm finden?", gab Karla zu bedenken. Zuflucht zum Buddha beinhaltet verschiedene Aspekte. Zum einen erinnerst du dich an das Leben des Buddha als historische Persönlichkeit vor 2 500 Jahren. Prinz Siddhartha wurde damals ebenfalls von seiner Sehnsucht geführt. Er gab seinem Leben eine Richtung und formulierte eine klare Vision. Diese Vision bestand darin, alles Leid, alle Unerfülltheit und Angst zu überwinden. Er veränderte sein Leben grundsätzlich. Bei den bekanntesten Meditationsmeistern der damaligen Zeit in Nordindien lernte er verschiedene Meditationstechniken, übte sich in strenger Askese (die Lebensgeschichte des Buddha wird dir bekannt sein). Nachdem er schließlich über tiefgehende, vollkommen befreiende Einsicht zu einem Buddha, einem vollkommenen Erleuchteten und Erhabenen, geworden war, entschied er sich aus Mitgefühl, Interessierten und Schülern das Dharma zu lehren. Er zeigte ihnen, wie sie ihm folgen und sich ihrerseits aus allen begrenzenden und trennenden Perspektiven lösen könnten. Er zeigt dies den Menschen bis auf den heutigen Tag, denn seine Erklärungen sind zeitlos.

Der Buddha lehrt uns, wie wir unsere Wunden mit einem Balsam aus Einfühlung, Herzlichkeit und tiefgreifendem Verständnis heilen können. „In diesem *ersten Aspekt*“, gab ich Karla zu bedenken, „kann der Buddha auch nach dem Tod des Körpers Vorbild für dich sein, kann dich inspirieren und dir einen Weg zeigen inmitten der verwirrenden Mannigfaltigkeit und Widersprüchlichkeit des Lebens.“

Im *zweiten Aspekt* verkörpert der Buddha ein Wesen, das sich, einer Vision folgend, über viele Leben entwickelte und schließlich über alle Unvollkommenheiten hinauswuchs. In diesem Aspekt nehmen wir Zuflucht zu dem Versprechen, dass ein Ende aller Unsicherheit und Bedrückung möglich ist und unsere Verletzlichkeiten heilen können.

Besondere Bedeutung hat jedoch der *dritte Aspekt* der Zufluchtnahme zum Buddha. Dieser Aspekt meint die Zuflucht zur tiefsten Wahrheit, den zeitlosen allumfassenden Urgrund, der sich so schwer mit Worten beschreiben lässt, den der Buddha jedoch vollkommen verkörperte. Im dritten Aspekt nehmen wir Zuflucht nicht „zur physischen Erscheinung des Buddha, sondern zu dem, was sie repräsentierte: Transzendenz, die absolute Wirklichkeit, die Verbundenheit mit einem Bewusstsein, das alles andere außer Kraft setzt.“[46] In diesem Aspekt ist der Buddha „unveränderlich, allumfassend und grenzenlos“. Um nun diese Zuflucht zum Buddha in allen drei Aspekten für dich zu einem großen Segen werden zu lassen, erinnere dich an das Leben des historischen Buddha. Vielleicht visualisierst du ihn als Lichtgestalt, z. B. eine Armlänge vor dir, und versuchst ihn dann in seiner Energie zu erspüren. Wenn du eine Begabung zum Visualisieren hast, stelle dich dir in ihm vor oder lege in deiner Vorstellung deinen Kopf in seinen Schoß. Schließlich visualisiere den Buddha in dir. Versuche, seine Energie in deinem Herzen zu spüren. Verfeinere in deinen Meditationen den Geist so weit, öffne dein Herz so weit, bis du ihn spüren kannst, in dir selbst spüren kannst. Erst wenn sich Trennung in deinem Erleben vollkommen aufgelöst hat, kann sich die Kraft der Zufluchtnahme völlig entfalten und für dich nutzbar werden. In diesem dritten Aspekt, seiner höchsten Form, nimmst du also Zuflucht zu Vollkommenheit und Einheit.

Der Buddha in seiner menschlichen Gestalt lehrte das Dharma. Dharma wird übersetzt mit „das vollkommene Gesetz“, die

---

[46] Ayya Khema: *Sei dir selbst eine Insel.*

„vollkommene Lehre“ oder „das, was trägt“. Das Dharma erklärt die Ursache aller Schwierigkeiten und der Angst und wie diese Ursachen aufgelöst werden können. Der Buddha ging in seinen Unterweisungen immer auf die Bedürfnisse und Möglichkeiten seiner Zuhörer ein, und deswegen entstand eine große Zahl von Lehrreden, Erklärungen und Übungsanweisungen. Das Dharma kann dir zu Klarheit und Verständnis verhelfen, überall und zu jeder Zeit. Da nach seinen Erklärungen alles mit allem verbunden ist, gibt es auch eine Verbindung zwischen deiner höchsten Vision und dem gegenwärtigen Augenblick. Somit kann jedes Handeln, jede gute Absicht zu deiner Entwicklung beitragen. Nichts geht verloren. Während der Buddha die Einheit verkörpert, bezieht sich das Dharma auf die Vielheit.

Das Dharma wird gehört, geübt und gelebt von der Sangha. Die Sangha wird in dem Maße vertrauenswürdig und zum dritten Zufluchtsobjekt (Juwel), wie sie authentisch die Verbindung von Einheit und Vielheit vollkommener Liebe und tiefen Verständnisses verkörpert und lebt. Die Sangha wurde vom Buddha „gegründet“, um sich gemeinsam der Energie der Welt entgegenzustellen. Die Energie/das Paradigma der Welt ist ausgerichtet auf Angenehmes, auch auf Selbstbehauptung. Die Energie des Dharma ist ausgerichtet auf Hilfreiches, auf mitfühlendes Verständnis. In der Welt werden wir immer wieder eines Widerspruchs gewahr: Auf der einen Seite sehnen wir uns nach Geborgenheit, Schutz und Verbundenheit, und gleichzeitig nähren wir immer weiter Trennung, Zwiespalt und Dualität. Um diesen Widerspruch nicht nur im Kopf, sondern auch im Leben aufzulösen, braucht es die Erklärungen des Buddha in Form des Dharma und die gegenseitige Inspiration und Unterstützung in der Sangha.

Am Anfang kann die Praxis der Zufluchtnahme Ausdruck eines Entschlusses sein, deinem Leben eine bestimmte Richtung zu geben. Beginne diese Praxis also nie mit Anstrengung, mit „Ich sollte/müsste …“. Vielleicht braucht es einige Jahre, wie bei mir, bis dein Anfangsverständnis so weit gereift ist, dass du einen Impuls aus deinem Herzen spürst. Dann bringe Körper und Geist zusammen in deinen Verbeugungen, werde so gut es geht offen für die Zufluchtsjuwelen und gehe mit ihnen in Verbindung. Lasse alles intellektuelle Wissen vom Buddha und Dharma eine Weile ruhen. Lasse dich inspirieren von einem Altar, von Blumen, Statuen, Kerzen, öffne und fühle dein Herz, öffne dich für das Erhabene, das zeitlose Untrennbare, öffne dich für die Energie der Liebe und rezitiere, gelobe:

Buddham saranam gacchami.
Dhammam saranam gacchami.
Sangham saranam gaccahami.

Ich nehme Zuflucht zum Buddha
(der mir den Weg in dieses Leben zeigt).
Ich nehme Zuflucht zum Dharma
(dem Weg von Verständnis und Liebe).
Ich nehme Zuflucht zur Sangha
(der Gemeinschaft, die in Harmonie und Bewusstheit lebt).

Wiederhole dieses Zufluchtsgelübde dreimal; vermeide dabei, es einfach nur aufzusagen. In dem Maße, in dem du dich hingebungsvoll öffnest, wird eine Dimension jenseits von Ich und Du transparent, eine Dimension, die nicht bedingt und nicht vergänglich, in der Liebe das einzige Gesetz ist – eine Dimension, die wahre Zuflucht bietet. Diese Praxis wird dir helfen, deiner Angst den Boden zu entziehen bzw. entstandene Angst aufzulösen.

„Liebe und Mitgefühl beseitigen die Angst vor dem Leben."

Dalai Lama

Mögen wir uns in Momenten der Verzweiflung und Angst „erinnern" an die uns alle innewohnende Kraft und Liebe, die die Essenz unseres tieferen Wesens ist.

Danksagung

Nur weil selbstlose Dharma-Freunde/innen mich unterstützt haben, konnte dieses Buch erscheinen.

Bea Winklbauer gestaltete mit ihrer Erfahrung das Umschlagmotiv. Stefanie Rudolf und Andreas Vosseler redigierten den Text. Dabei brachten sie ihre umfangreichen Kenntnisse ein und gaben wertvolle Anregungen.

Jutta Kerßen und Manon Mbaye brachten den Text in die vorliegende Form. Mit ihrer Geduld und Ausdauer standen sie mir hilfreich zur Seite.

Ihr aller Engagement hat entscheidend zur Entstehung des Buches beigetragen. Sie verdienen größeren Dank, als ich ihnen je erweisen könnte.

Die verantwortlichen Damen und Herren von Shaker Media entschieden sich, das Buch zu drucken.

Ihnen allen bin ich sehr dankbar.

Berlin, Dezember 2018 Dr. Wilfried Reuter

Über den Autor

Dr. Wilfried Reuter ist buddhistischer Lehrer und spiritueller Leiter der Zentren "Lotos-Vihara" in Berlin, "Dharma-Chakra" in Meißen, „Ananda Vihara“ in Augsburg und „Metta-Raum-Sangha“ in Aspach. Seine wichtigste Lehrmeisterin wurde die deutsche buddhistische Nonne Ayya Khema, die sein Leben tiefgreifend veränderte. Bis heute fühlt er sich mit ihr tief verbunden.

Weitere Lehrer waren der indische Heilige Ramana Maharshi und der tibetische Meister Tarab Tulku. Besonders wichtig ist Wilfried Reuter eine traditionsübergreifende Vermittlung der buddhistischen Lehre, in der Sichtweisen des Theravada-Buddhismus genauso zur Geltung kommen wie solche aus dem tibetischen Buddhismus. Zudem bringt er seine mehr als 35-jährige Erfahrung als Frauenarzt, Geburtshelfer, Sterbebegleiter und Notarzt in seine Lehrdarlegungen ein sowie Erkenntnisse aus der Psychotherapie und den Neurowissenschaften.

Weitere Bücher des Autors:

- Weck den Buddha in dir
- Die Medizin des Buddha
- Zusammen aufwachen
- Buddhas Geschenk der Geborgenheit
- Der Tod ist ganz ungefährlich

Weitere Vorträge und Anleitungen

(auch zum Thema Angst)

sind zu finden über www.lotos-vihara.de

Das Lotos-Vihara Meditationszentrum

Wie eine Oase mitten in der Stadt liegt es zwischen den Plattenbauten in der Nähe des Alexanderplatzes: das Lotos-Vihara-Meditationszentrum. Umgeben von einem großen Garten, verfügt es über drei Meditationsräume in verschiedenen Größen und eine Bibliothek. Kleine Appartments bieten die Möglichkeit zu angeleiteten Einzelretreats.

Im Lotos-Café treffen sich Dharma-Praktizierende und Menschen aus der Umgebung. Zum vielfältigen Programm des Zentrums gehören Vorträge über die buddhistische Lehre, Meditationsabende und verschiedene Meditationsgruppen, darunter spezielle Gruppen für Menschen mit Krebserfahrung, für Schwangere und junge Eltern sowie für Ärzte und Therapeuten.

Lotos-Vihara-Meditationszentrum

Neue Blumenstraße 5 • 10179 Berlin (Mitte)

Tel. 030 25762164 • Fax 030 24083159

info@lotos-vihara.de

www.lotos-vihara.de

Literatur

Bauer, Hermann: *Bhagavadgita. Gesang des Erhabenen,* Freiburg im Breisgau 1989

Brach, Tara: *Mit dem Herzen eines Buddha. Heilende Wege zu Selbstakzeptanz und Lebensfreude*, München 2013

Ferrini, Paul: *Die zwölf Schritte der Vergebung. Aus der Tiefe des Herzens leben*, Schwäbisch Hall 2012

Gendlin, Eugene T.: *Focusing. Selbsthilfe bei der Lösung persönlicher Probleme,* Hamburg 2014

Germer, Christoph: *Der achtsame Weg zur Selbstliebe*, Freiburg 2015.

Govinda, Kalashatra: *Chakra-Praxisbuch. Spirituelle Übungen für Gesundheit, Harmonie und innere Kraft*, München 2013

Govinda, Lama: *Buddhistische Wege in die Stille - Schöpferische Meditation und multidimensionales Bewusstsein*, Grafing 2007.

Hofmann-Hanf-Dressler, Ute: *Auf Schatzsuche. Was ist jenseits der Angst? Eine persönliche Interpretation der Tendrel-Lehre von Tarab Tulku*, Berlin 2011

Kast, Verena: *Imagination. Zugänge zu inneren Ressourcen finden*, Ostfildern 2012

Khema, Ayya: *Sei dir selbst eine Insel. Wege zur Emanzipation des Geistes. Die Kunst des Loslassens durch Selbstbefreiung und Meditation,* München/Zürich 1997.

Kolk, Sylvia: *Geh und sieh selbst. Die Buddha-Lehre auf den Punkt gebracht*, Uttenbühl 2015

Kornfield, Jack: *Das weise Herz. Die universellen Prinzipien buddhistischer Psychologie*, München 2008

Kornfield, Jack: *Das Tor des Erwachens. Wie Erleuchtung das tägliche Leben verändert*, München 2001

Kornfield, Jack: *Das innere Licht entdecken. Heilende Meditationen für schwierige Lebensphasen*, München 2013

Ein Kurs in Wundern, Freiburg im Breisgau 1994

Levine, Peter: *Trauma-Heilung. Das Erwachen des Tigers. Unsere Fähigkeit, traumatische Erfahrungen zu transformieren*, Essen 1998

Levine, Peter: *Vom Trauma befreien. Wie Sie seelische und körperliche Blockaden lösen*, München 2013

Maharaj, Sri Nisargadatta: *Ich bin. Gespräche mit einem Weisen*, hrsg. .v. Maurice Friedman, Berlin 1980

Osho: *Das Chakra-Buch. Energie und Heilkraft der feinstofflichen Körper*, Köln 2003

Ram Dass: *Einfache Wahrheit. Der Pfad der Hingabe*, Bielefeld 2015

Renz, Monika: *Zwischen Urangst und Urvertrauen. Therapie früher Störungen über Musik-, Symbol- und spirituelle Erfahrungen*, Paderborn 1996.

Reuter, Wilfried: *Der Tod ist ganz ungefährlich. Buddhistische Hilfen im Umgang mit Alter, Krankheit, Tod*, in Zusammenarbeit mit Sabine Schüler und Traudel Reiß, Oy-Mittelberg 2013

Reuter, Wilfried: *Buddhas Geschenk der Geborgenheit. Wie wir tiefes Vertrauen erfahren*, München 2013

Rosenberg, Larry: *Mit jedem Atemzug. Buddhas Weg zu Achtsamkeit und Einsicht*, Freiamt im Schwarzwald 2002

Ruppert, Franz: *Seelische Spaltung und innere Heilung. Traumatische Erfahrungen integrieren*, Stuttgart 2008

Ruppert, Franz: *Trauma, Angst & Liebe*, München 2012

Schmidt, Johannes B.: *Der Körper kennt den Weg. Trauma-Heilung und persönliche Transformation,* München 2012

Schnarch, David: *Intimität und Verlangen. Sexuelle Leidenschaft in dauerhaften Beziehungen*, Stuttgart 2012[3]

Schnarch, David: *Die Psychologie sexueller Leidenschaft*, München 2015.

Selby, John und Zachary Zelig: *Das Erwachen der Kundalini. Anleitung, Übung und Meditation*, Darmstadt 2005.

Stecher, Christine: *Mantras – Sprache der Götter,* Darmstadt 2007

Stiegler, Richard: *Kein Pfad – Aus der Stille leben,* Zwickau 2005

Tulku, Tarab: *Einheit in der Vielheit,* Berlin 2005

Thich Nhat Hanh: *Aus Angst wird Mut*, Berlin 2003

Tolle, Eckhart und Sri Aurobindo: *Ein neues Denken – ein neuer Mensch – eine neue Welt. Gespräche mit A. S. Dalal*, Grafing 2010

Welwood, John: *Bewusst lieben. Ein Weg des Erwachens*, Freiburg im Breisgau 2014

Wetzel, Sylvia, Billig, Susanne: *Leichter leben*, Meditationen zum Umgang mit Gefühlen, Berlin 2013

Willi, Jürg: *Die Zweierbeziehung. Das unbewusste Zusammenspiel von Partnern als Kollusion*, Reinbek bei Hamburg 2012, erweiterte Neuauflage

Dr. Michael Weh

Shaker Media
ISBN 978-3-95631-541-1
314 Seiten
Deutsch
Paperback
20,5 x 13,5 cm
14,90 EUR

Magie der Hypnose

Ultra-Kurzzeittherapie für moderne Wunderheiler

Ultrakurzzeit-Heilung ist JETZT möglich!
Wollten Sie schon immer Hypnose erlernen oder schnelle Heilungen bewirken? Wie kann man nahezu alle möglichen Symptome in nur einer Sitzung heilen? Wie arbeiten „Wunderheiler" auch ohne Hypnose?
Ein Praxishandbuch für Heilpraktiker, Psychotherapeuten und motivierte Selbstanwender.
Hier lernen Sie voneinander unabhängig effektive Hypnose-Techniken und lösungsorientierte, systemische Kurzzeittherapie in 18 einfachen Modulen kennen.
Schauen Sie den erfolgreichsten Therapeuten über die Schulter und entdecken Sie ALLE TRICKS der fähigsten (Show-)Hypnotiseure; auch „Black Hypnosis" ist ein Thema dieses faszinierenden Buches, das sich bereits in regelmäßigen Seminaren bewährt hat!
Die „geheime" Kunst hypnotischer Sprachmuster, steht Ihnen ab jetzt zum Nutzen Ihrer Patienten oder für Ihre eigene Heilung zur Verfügung. Mit vielen Fallbeispielen, Übungen und kostenfreien Audiomeditationen.
Der Autor lehrt in regelmäßigen Seminaren aus jahrzehntelanger Erfahrung, kompetent und spannend, praxisnah und effektiv!

Abbas Schirmohammadi

Shaker Media
ISBN 978-3-86858-859-0
30:33 min
Deutsch
CD
16,90 EUR

Autogenes Training deluxe

Das Erfolgsprogramm

Nach dem großen Erfolg seiner Autogenes Training (AT) CD „In der Ruhe liegt die Kraft", die als beste deutschsprachige ihrer Art gilt, liefert der renommierte Entspannungstherapeut Abbas Schirmohammadi nun mit „Autogenes Training deluxe - Das Erfolgsprogramm" ein weiteres Highlight ab.

Autogenes Training ist eine weltweit anerkannte und beliebte Entspannungsmethode, mit der Ausgeglichenheit, Kraft und Konzentration gefördert, Stress, Schmerzzustände und Spannungen abgebaut, Probleme bearbeitet und der Weg in eine positive Zukunft programmiert werden können. Neben körperlicher und geistiger Entspannung ist im AT auch eine Persönlichkeitsentwicklung und -reifung möglich. Über gezielte Suggestionen, die im tiefen hypnoiden Trancezustand gesetzt werden, können unerwünschte Verhaltensweisen abgewöhnt und erwünschte neu programmiert werden.